U0961915

中国地方金融安全指数报告

清华大学五道口金融学院金融安全研究中心
中国地方金融安全指数研究课题组
周道许　马天平　著

中国经济出版社
CHINA ECONOMIC PUBLISHING HOUSE
·北京·

图书在版编目（CIP）数据

中国地方金融安全指数报告 / 周道许，马天平著 . 北京：中国经济出版社，2024. 10. -- ISBN 978-7-5136-7842-1

Ⅰ. F832. 7

中国国家版本馆 CIP 数据核字第 2024ZM7009 号

责任编辑　邓媛媛
责任印制　马小宾
封面设计　华子工作室

出版发行　中国经济出版社
印 刷 者　北京艾普海德印刷有限公司
经 销 者　各地新华书店
开　　本　710mm×1000mm　1/16
印　　张　8. 25
字　　数　126 千字
版　　次　2024 年 10 月第 1 版
印　　次　2024 年 10 月第 1 次
定　　价　49. 00 元
广告经营许可证　京西工商广字第 8179 号

中国经济出版社　**网址** http://epc. sinopec. com/epc/　**社址** 北京市东城区安定门外大街 58 号　**邮编** 100011
本版图书如存在印装质量问题，请与本社销售中心联系调换（联系电话：010-57512564）

课题组简介

课题组名称：

清华大学五道口金融学院金融安全研究中心中国地方金融安全指数研究课题组

组　长：

周道许　清华大学五道口金融学院金融安全研究中心主任

副组长：

马天平　清华大学五道口金融学院金融安全研究中心兼职研究员

课题组参与人员：

周　京　刘玉书　陈　放　沈乐阳　杨子钊　黄旌沛

王显才　李泉霖　杨明豪　夏浚鑫　张天奇　王　超

李　盟　朱忆宁　刘家华　毕新月　王　璨　高玺晶

董思秦　蒋斯凡　亓矛矛　熊元源　汪　璐　李端文

前言

PREFACE

地方金融安全，是指国内各地区金融业在其发展过程中对来自区域内外不利因素的干扰和冲击具有足够抵御与抗衡的能力，并保持正常运行和发展的一种稳定状态。

高度的地方金融安全不仅是指该区域在冲击前安全度较高，而且该区域在遭受金融风险冲击后，表现出强大的风险防范、应对和化解能力。

地方金融安全是地方经济安全的重要方面，经济越发展，金融安全就越重要。一个地方的金融活，则经济活；金融稳，则经济稳。从宏观视角来看，守住不发生系统性金融风险的底线，需要各地金融安全的支撑。

地方金融安全对一个地方安全的重要性并不局限于金融安全本身。根据金融服务实体经济、防范金融风险、深化金融改革三大任务，还应把金融安全思维有机地融入地方的深化改革中去，体现出全局性的总体安全观。

为更好反映地方金融安全在新时代的变化，秉持“反映金融安全本质、突出金融风险导向、注重风险识别计量、提供前瞻预警价值”的思路，清华大学五道口金融学院金融安全研究中心，通过对全国各省（自治区、直辖市）金融安全现状进行多层次剖析，并结合国别金融安全系列指数（PBCSF－RFSI）的相关经验，创建地方金融安全指数。

编制地方金融安全指数的目的，是结合各地方实际经济金融情况，通过构建模型和量化分析，以指数化的方式描述我国各地方金融安全的纵向变化及横向对比，建设以金融风险计量、金融风险评估、金融风险预警和金融风险防范为主的金融安全监控体系，为提高各地方金融发展质量、增强金融安全能力建设提供参考。

《中国地方金融安全指数报告》对地方金融安全指数的背景意义、差异性价值、构建原则、评价方法、合成算法、应用效果进行了分析和说明，在撰写过程中，得到了清华大学五道口金融学院领导的指导和重视、诸多教授专家的学术支持与帮助，在此由衷表示感谢。虽然课题组全体同志尽力探究，但由于这是一项创新性的工作，难免存在纰漏与疏忽，请大家批评指正。

清华大学五道口金融学院金融安全研究中心

中国地方金融安全指数研究课题组

2024 年 9 月

目录

CONTENTS

第一章　研究地方金融安全指数的背景和意义　/1

第一节　研究背景　/3

第二节　编制地方金融安全指数的意义　/4

第二章　地方金融安全研究回顾及评述　/5

第一节　地方金融安全研究回顾　/7

第二节　地方金融安全的研究指标回顾　/9

第三节　地方金融安全的研究方法回顾　/12

第三章　地方金融安全指数构建体系　/13

第一节　地方金融安全指数的监测内容　/15

第二节　地方金融安全指数的指标　/19

第三节　指标筛选的变化趋势　/23

第四章　地方金融安全指数的评价方法　/45

第一节　方法选择　/47

第二节　指数值界定　/49

第五章　地方金融安全指数的合成　/51
第一节　指标合成预处理　/53
第二节　指标合成后赋值　/55

第六章　地方金融安全指数应用　/57
第一节　地方金融安全指数前十区间　/59
第二节　北京市金融安全发展特征　/61
第三节　上海市金融安全发展特征　/66
第四节　广东省金融安全发展特征　/71
第五节　江苏省金融安全发展特征　/77
第六节　山东省金融安全发展特征　/82
第七节　浙江省金融安全发展特征　/87
第八节　四川省金融安全发展特征　/92
第九节　河南省金融安全发展特征　/97
第十节　安徽省金融安全发展特征　/101
第十一节　湖南省金融安全发展特征　/107

第七章　地方金融安全指数的研究展望　/113

参考文献　/116

第一章

研究地方金融安全指数的背景和意义

第一节　研究背景

随着各地金融的不断发展，金融日益渗透到各地方区域的经济、民生、社会方面。金融安全对促进地方经济增长、维护社会稳定、增进民生福祉等形成全方位、系统性的影响。金融安全的程度越高，金融对一个地方经济社会全方位的支撑度就越大。一旦金融处于不安全状态，尤其是走向金融危机时，就容易诱发全国性、系统性的金融风险，不仅严重影响地方经济活动，而且危害地方社会秩序，对地方社会稳定造成威胁和破坏。

金融安全既是地方安全的基石，也是地方安全的重要组成部分。我们越来越深刻地认识到：地方金融安全是地方发展的前提，地方发展是地方金融安全的保障。

虽然我国高度重视金融安全的建设，但各省（自治区、直辖市）的金融安全预警体系的建设还不够成熟，防范地方金融风险、保持地方经济发展、维护地方社会稳定，尚缺乏直观、可靠、先行的信号指标。

考察各地方的金融安全程度，最直观可靠的方式是引入指数这一信号指标。通过构建指数，反映金融安全变化的走势，可以得出地方金融安全所处状态、发展历程及发展趋势，并获得比较基准和参照体系，为制定金融政策、做出发展决策打下坚实基础。

因此，从提高各地方金融安全能力角度出发，构建地方金融安全指数，科学评价各地方的金融安全现状，并提供前瞻性决策建议，十分重要和必要。

第二节　编制地方金融安全指数的意义

地方金融安全指数构建后，将具备多方面的决策价值，包括但不限于以下几个方面。

一是预防金融风险。通过分析判断地方金融安全指数的数值和变化趋势，对比以往时期同指数的具体值、同时期其他地方的金融安全值，即可对未来一定时期该地的金融风险情况进行评估，得出我国各地金融安全指数的波动情况。观察地方金融安全指数中的具体因子，进一步追踪风险产生的原因，可以对金融风险类型、风险范围、风险程度进行预防。

二是研判发展走势。金融服务于实体经济，金融与实体是经济发展“镜子”的两面，地方金融安全领先或同步地反映经济安全。地方金融安全指数反映了各地方经济的进程，以及各地方在全国的领先或滞后情况，便于确定各地金融安全在全国的位置。各地政府部门在对地方经济进行监测或调控时，可以将地方金融安全指数作为参考指标；金融机构也可将地方安全指数作为经营决策判断的重要依据。

三是寻找参照定位。评估地方金融安全情况，需要参照其他地方的金融安全现状与原因机理。一个地区除了纵向单独分析自身的金融不安全程度外，还可以与全国其他地区进行横向比较。例如，以东部沿海发达省份为经验，可以为中西部相对落后地区的金融安全建设提供参照尺度，便于获得有益经验、吸取不良教训。

第二章

地方金融安全研究回顾及评述

第一节　地方金融安全研究回顾

从已有研究来看，多数学者从金融机构这一层面研究地方金融安全。邹小芃、牛嘉、汪娟（2008）认为，地方金融机构在经营过程中出现流动性困难，并导致地方经济金融秩序紊乱和社会福利损失的后果及可能性就是出现了金融风险。张世军（2013）认为，地方金融风险是指城市商业银行、农村商业银行、城市信用社、农村信用社、信托投资公司、地方性证券公司、担保公司及其他地方金融机构在经营过程中出现的实际收益与预期收益之间发生某些偏差，从而导致地方经济金融秩序混乱、资产及社会福利损失的后果及可能性。王立军和范国强（2016）认为，地方金融风险主要制造者是城市商业银行、农村商业银行、地方性证券公司、地方性保险公司、信托投资公司、财务公司、典当行、担保公司等地方金融机构。另一些学者认为地方金融风险是由地区内监管不足的金融机构引起的：梅波（2014）认为，地方金融风险主要源于地方准金融机构虽不受银监会、保监会、人民银行直接监管，却具有金融性质，地方准金融机构没有明确的监管部门，业务发展不规范，且具有隐蔽性。

已有研究从金融机构角度定义地方金融风险，具有一定局限性。

首先，大多数地方金融机构处于跨区域经营状态，如注册地位于北京的中国工商银行，其业务是全国性质，如果将中国工商银行的金融安全归结为北京这一地方的金融安全，则不匹配；同理，如广发银行、中国平安保险等金融机构的金融安全，也不能代表广东地区的金融安全。

其次，金融机构在全国各地分布不均匀，如果以银行、证券公司、保险、信托、财务公司、消费金融公司、融资租赁、保理公司等金融机构为研究切入视角，由于中国大多数省份的金融机构类别和数量偏少，而个别省份的金融机构不仅类别全面而且数量众多，这将使得地方金融安全指数测度失真。

最后，单独评价金融机构的安全，不能充分反映地方的金融安全。地方金融安全内嵌在地方经济发展和安全中，不能割裂与地方实体经济之间的关联。地方金融安全是地方在经济发展的过程中，受风险冲击的情况下，其金融体系仍能保持平稳运行的一种状态。

第二节　地方金融安全的研究指标回顾

根据研究目的和偏好不同，已有文献对地方金融安全指标的选取各有侧重。郭明奇等（1999）在建立我国区域金融安全指标体系时，将选取的指标分为监测指标和参照指标。监测指标主要由商业银行机构非现场监管指标组成，反映银行机构具体运行情况；参照指标以宏观经济指标为主，包含当年的经济增长率、固定投资增长率、消费零售总额增长率、利率等宏观经济指标，辅之以各项资金损失率等经营风险指标和金融犯罪发案率等犯罪风险指标。仲彬等（2002）则将选取的指标分为微观审慎指标和宏观先行指标。微观审慎指标以非银行现场监管指标为基础，将管理与合规情况纳入其中；宏观先行指标以政府财政调控能力、企业效益、债务清偿能力、外汇与资本、经济增长能力和银行业规模六个维度构建，能够反映微观审慎指标变化的情况。汪祖杰和吴江（2006）将选取的指标分为内在关键性指标和外在影响性指标两个大类。内在关键性指标包含微观监测指标、宏观监测指标和金融生态环境监测指标。其中，金融生态环境监测指标由全国经济景气状况、本地区经济景气状况、地区企业效益指标和社会信用状况指标构成。外在影响性指标则主要包括货币危机、利率危机、汇率危机、资本市场危机等外部冲击指标。谭中明（2010）将选取的指标分为外部影响因素指标和内部影响因素指标。外部影响因素指标分为宏观经济指标、货币指标、对外经济指标和资产价格指标；内部影响因素指标分为金融机构经营指标、区域经济指标、区域金融生态指标和特殊影响指标。其中，特殊影响指标包括外贸依存度、出口增长率、民间借贷利差、民间投资占比和房地产市场相关指标。俞树毅和袁治伟（2012）将选取的指标分为银行业系统性风险指标、趋势循环性因素指标和偶发特定因素指标。倪俊雄（2016）将所选指标分为实体经济类指标和金融行业类指标。实体经济类指标包括经济增长指标、固定投资指标、工业发展指标、通货膨胀指标、消费指标、贸易指标、铁路货运指标和经济景气指标；金融行业类指标包括银行业指标、证券业指标和保险业指标。郭娜等（2018）将所选的19个指标分为区域金融业指标、区域固定资产投资指标、区域宏观经济增长指标、区域工业发展指标、区域消费指标和区域外部环境指标。张安军（2019）将所选指标分为内源性金融风险指标和外源性金融风险指标。内源性金融风险指标包括宏观经济运行风险指标、金融机构运行风险指标、资产价格泡沫风险指标和政府内债偿还风险指标；外源性金融风险指标包括对外经贸依存风险指标、外资金融机构进入威胁风险指标、国际热钱冲击风险指标和对外债务偿还风险指标。张安军（2020）将所选指标分为宏观实体经济运行风险指标、金融市场运行风险指标和政府财政运行风险指标，并使用存贷款比例变化、实际利率变化和省域银行机构贷款总额变化，构建浙江省省域银行危机压力指数作为参照，进一步对指标进行筛选。田倩倩和刘晓星（2021）运用社交网络文本信息研究方法，通过关键词提取和词频统计建立区域金融风险感知指数。李书和解瑶姝（2022）选取经济增长、通货膨胀、失业率、不良贷款率、存贷比、外汇储备、国债收益率、企业债收益率、股票市盈率、利率和房价增速作为整体金融稳定指数，随后以东、中、西和东北四大地区的25个代表性省份为样本进行区域性分析。另外，还有部分学者选择互联网金融的潜在风险、上市公司盈利能力等指标，将国内各省（自治区、直辖市）划分为领先型、低水平型和平衡型等类型。

可以看出，已有学者研究地方金融安全，选取的指标具有多样性，主要包含宏观和微观两个方面。较多指标对于指数构建存在不足，如民间借贷利差、商业银行机构非现场监管指标、资金损失率指标和金融犯罪发案率等指标的数据往往不公开发布，而且较为滞后，与指数要求的及时性、公开性特征关联度弱。汇率、利率、通货膨胀等是全国性指标，在我国各地统一，难以体现不同地方的金融安全差异。因此，本指数以公开性、时效性和地区性为核心指标的选择标准，优先选择统计口径统一、数据公开及时、切合监管要求的指标，剔除在公开性、及时性和关联性上不符合指数制作要求的指标，使得作为指数底层的数据有案可查。

除此之外，金融机构的不良率等指标，同样存在金融机构安全与地方金融安全不匹配的问题，例如，A 地方金融机构的不良资产发生在经营地的 B 地方，可能是 B 地方的金融安全程度降低所致，难以衡量 A 地方的金融安全变化。相应地，地方政府、居民和企业的经济指标更能反映当地经济金融情况。举例而言，在地方政府方面，祝继高等（2020）指出，地方政府财政压力越大，地区银行投向地方国有经济部门的贷款比率就越高，并会带来更高的不良贷款率和更差的会计业绩；在居民方面，我国居民杠杆与房地产市场息息相关，刘磊等（2018）指出，过高的居民杠杆和过快的杠杆上升速度会放大房地产市场波动带来的影响，从而损害金融稳定性；在企业方面，地区企业转型升级会带来大量的投融资需求，在转型过程中相应地产生并积累风险，在转型取得一定成果后消化并降低风险。在我国以间接融资为主的金融结构下，地区企业较为集中地开展产业转型会提高银行承担的风险。曹东坡等（2019）指出，从过程上来看，产业结构升级会促使商业银行主动或被动提高自身承担水平，从而积累信贷风险。而丁浩（2018）的研究表明，从结果上来看，产业结构转型程度越高，银行的信贷风险就越低。因此，本指数一方面在前人基础上，按照公开性、时效性和地区性的选择标准，提取能够充分反映地区金融安全的地区性经济指标；另一方面从我国地区经济总量、结构和发展阶段存在巨大差异的角度出发，结合地方政府、企业和居民三个监测对象与存量、增速、潜力三个监测层次，构建地方安全指数。

第三节　地方金融安全的研究方法回顾

从研究方法来看，虽然国内相关文献在度量指标选取上各有侧重，但研究多采用 PCA 法和因子分析法。通过因子分析法，将金融指标提炼成区域银行安全能力因子、区域宏观安全能力因子、区域保险安全能力因子、区域外安全能力因子和区域证券安全能力因子。但该类统计分析在经过矩阵算法处理后，结论的可解释性和可观察性大幅降低，无法直接显示地方金融安全的动态变化。

在研究思路上，已有文献多从金融稳定性、金融风险控制和金融违法犯罪角度出发，也尝试对地方区域间的金融风险传导（袁睦淇等，2022）、风险积聚（刘凤根等，2022）、风险形成（周开国等，2023）等进行刻画，但主要是理论阐述，较少根据各地实际情况，结合实际数据，给出操作性的指数值。此外，多数研究往往忽视了金融服务实体经济这一定位，较少从实体经济这一镜子的“镜像”来观察金融的安全与风险。

从研究结果来看，部分报告揭示了国内金融安全具有“东强西弱”的空间特征，发现各省（自治区、直辖市）① 的金融安全程度具有相似性，符合金融发展现实。但相关研究往往仅以某一年为研究时间区间，不具备持续性和时间上的可比性，难以捕捉我国地方区域金融安全的动态演变特征。

① 说明：本书研究地方金融安全指数，以各省、自治区、直辖市为地域研究对象。为方便叙述，书中所述的“省份”包括了自治区和直辖市，北京市、北京，山西省、山西，广西壮族自治区，广西等表述均有使用。

第三章

地方金融安全指数构建体系

构建地方金融安全指数，结合已有的地方金融安全研究成果，从研究视角、研究指标、研究方法上进行优化。优化的出发点在于监测地方金融安全变动的因素，从而确定地方金融安全的状态。

第一节　地方金融安全指数的监测内容

一、地方金融安全指数的监测对象

正如前文所述，直接对地方金融机构进行监测评估，难以科学测度地方金融安全程度。中国地方政府多年的经济工作目标不是直接发展金融，而是发展地方企业和提升地方居民生活消费水平，通过实施招商引资、人才吸引等政策，推动经济活动持续发展，使金融安全逐步得到保障。

因此，本指数并非着重于监测注册地的金融机构，而是从地方经济的实体经济各方面入手，考察地方金融安全。

对于我国的地方区域，要监测的对象如下。

首先要监测的对象是地方政府。地方政府对地方金融安全具有举足轻重的作用，在很大程度上决定了地方区域的资产负债总量及结构。地方政府既能直接发行债券融资，也能获得外部财政转移支付，还能在财政税收与非税收收入上实施调节，包括调整土地出让价格和出让数量等。除了这些直接影响金融安全的措施外，地方政府也可以影响所控股的地方性金融机构，还可以制定相关的产业政策和人口政策，在一定程度上影响企业的生产经营决策和居民的生活决策。

其次要监测的对象是地方企业。地方企业是现代经济活动的基本单位。政府的收支出现问题、地方银行坏账率上升，本质上是企业引发的，如部分房地产企业出现问题，使得村镇银行资产恶化。企业的工资支出是居民的收入来源，企业变动会导致居民收入出现问题。在企业中，除了政府作为实际控制人的地方国有企业外，地方民营企业的发展也会深刻影响地方的金融发展，进而影响地方的金融安全程度。不发达地区是否实现了企业数量“零的突破”；已经发展起步的地方企业数量是否增加，经营实力是否持续增强，企业主要指标是否保持较高增速，均会影响地方的金融发展。地方金融既服务于企业，也依赖于企业。

最后要监测的对象是地方居民。一个居民在一个固定地方得到了持续发展，或者从一个地方迁移至另一个地方，会对该地方的消费拉动、劳动力供给、技术传播和产品产出产生影响，继而引起经济发生积极或消极变化，从而影响金融安全。

地方金融安全指数的监测对象如图 1 所示。

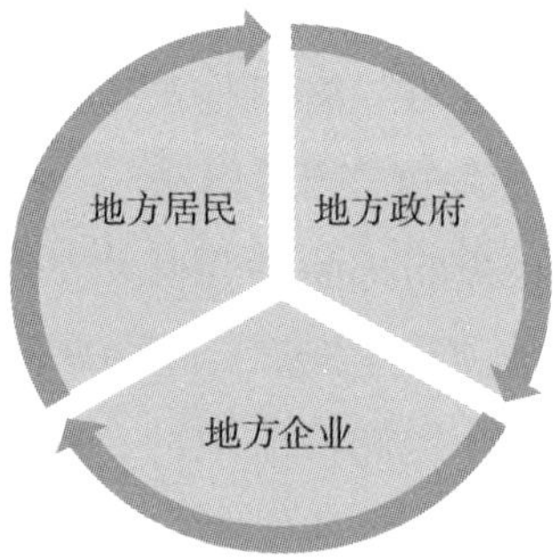

图 1　地方金融安全指数的监测对象

因此，监测了地方实体经济运行的三类对象，就可以为监测地方金融安全提供切入点。

二、地方金融安全指数的监测层次

基于“金融源于实体经济，并服务于实体经济”这一定位，将“地方金融安全源于地方实体经济安全”作为指数构造的重要原理。为了较为清晰地监测实体经济的变化，以下将从地方实体经济运行的三个层次进行厘定。

首先是存量层次。存量的经济规模，反映了地方已经具备的金融安全实力。一个地方的经济存量越低，往往在全国的辐射能力就越低。存量低，则底子薄。存量规模对经济的支撑度，决定了金融安全度。

其次是增速层次。经济增速，决定了金融发展的快慢。如果经济存量规模较大，但是增速较低，则未来增长可持续性面临问题；如果部分地方区域经济存量实力较弱，但增速较高，根据“发展促进安全”的原理，金融安全也将处于较高水平。

最后是潜力层次。除了存量与增速，如果经济金融的发展潜力较大，那么优质的发展也会为金融安全提供保障。在经济运行活动中，潜力主要体现在经济结构上。地方经济结构，既包括地方政府财政收入结构，又包括地方产业结构，还包括作为经济生产者的人口结构。当更多的财政收入来源于高质量发展、更多产值来源于高端工业与服务业、更多从业者从事非农业的科技性劳动时，经济潜力较大，则金融安全的潜力也较大。

因此，地方金融安全指数聚焦于至少三个监测层次，如图 2 所示。

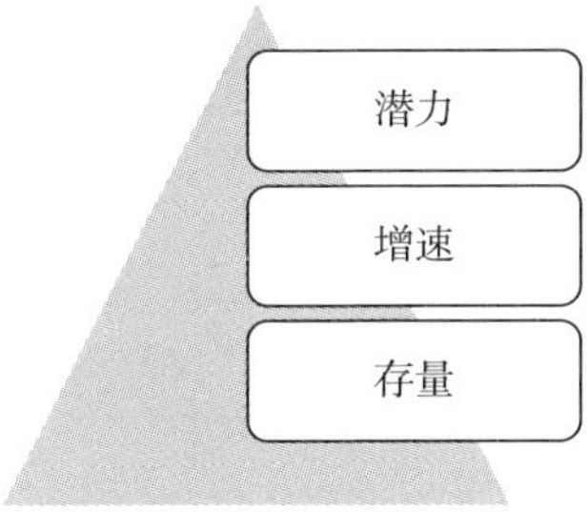

图 2 地方金融安全指数的三个监测层次

通过对一个地方实体经济运行的存量规模、增速变化、潜力结构进行监测，考察实体经济对应的金融安全的变化。既考虑已有的经济存量规模实力对地方金融安全的支撑程度，也考虑这种存量的增速变化情况，还考虑存量之外的结构性因素与可能引起未来存量发生变化的潜力因素。

三、地方金融安全指数的监测内容

根据已梳理的相关文献，结合前述的三类监测对象与三个监测层次，可以形成“3×3”的矩阵监测内容，如表 1 所示。

表 1　地方金融安全指数监测内容

层次	对象		
	地方政府	地方企业	地方居民
存量	财政收入规模	企业数量规模	社会消费规模
增速	财政收入增速	企业新增变化	社会消费增速
潜力	财政收支结构	地方产业结构	居民人口结构

如表 1 所示，将地方金融安全指数的监测内容分为地方政府、地方企业、地方居民三个对象，以及存量、增速、潜力三个层次，一起构成 9 个象限。通过监测该矩阵，注重金融和实体经济的联动，既能抓住各地方金融安全的主要矛盾变化，又能兼顾地方区域内经济结构的特点以及全国的数据可得性，保持统一口径，便于对各地方进行比较，从而得出各地方的金融安全程度。

第二节　地方金融安全指数的指标

一、指标选取原则

基于上述监测内容，地方金融安全指数的具体指标选择，需要考虑多方面的原则。

首先，地方金融安全指数的指标筛选需要具有代表性、可比性和可得性。

（1）代表性。地方金融的指标较多，如地方融资方面，就包括了贷款额、债券发行额、股权融资额等，其中，贷款额可以细分为本币贷款额、外币贷款额、企业贷款额、居民贷款额、短期贷款额、中长期贷款额等；债券发行额可以细分为地方政府专项债发行额、地方平台机构企业债发行额、地方民营企业信用债发行额等；股权融资额可以细分为 IPO 融资额、定向增发融资额等。地方的存款资金可以分为外币存款、本币存款。众多指标既具有差异性，也具有同一性，为了避免指标过多、效果不强，需要强化指标的明确信号功能，防止指标集沦为数据库。

（2）可比性。充分考虑不同地方的金融现实差异，确保多个省（自治区、直辖市）可比。北京、上海等地方金融发达，金融机构类型和数量众多；宁夏、西藏等地方金融机构较为缺乏，使得很多金融机构的指标在不同省份之间难以进行比较。一部分省份外贸发达，进出口指标较好，外币存款较多；但部分省份处于相反状态。一部分省份本币存款规模大，贷款规模小，成为资金“输出”地区；另一部分省份却能做到存贷款比较好匹配。一部分省份商业保险深度较高，另一部分省份则以社保和新农合为主。只有找到通用性的指标，有利于增强地区可比性，才能得出地方金融安全的差异值。尽管可能会牺牲指数在地方金融安全上的风险刻画精度，但是不影响可比性。同一个指标，不同地方统计和发布存在不同的及时性，指标数据的活跃程度不同，也要考虑是否可比。

（3）可得性。部分地方金融机构欠缺，经济发达程度有待提升，使得金融安全相关数据匮乏。例如，一部分省份人均可支配收入无统计，海关进出口数据缺乏，房价数据在省内各市县参差不齐，债券发行价格断断续续，债务数据隐形化，使得我们难以获得相关数据。同时，不同地方在同一指标的数据发布上，非统一频率、非统一颗粒度，使得我们即使可以获得数据，也无法将其作为指数数据使用。因此，选取在各地方可获取的指标，以年度为时间频次。

除此之外，构建地方金融安全指数的指标，尽量保持直观易解释、清晰有效性，不脱离实体经济本身。因此，地方金融安全指数从各地方的实体经济角度出发，寻找各地共同可比较的“公约数”金融指标，加工后生成国内各地方金融安全的差异性指数值，得到在横向和纵向上的可比性结果，为各地提高金融安全能力提供参考性价值。

二、指数核心指标

从理论来看，金融在根基上之所以安全，是因为依赖于地方的经济发展。金融安全与经济安全正如“冰山模式”，金融是经济“冰山”的“水面”部分。短期的金融安全表现为具体的金融事件，长期的金融安全则依附于地方实体经济的发展。金融的使命是服务于实体经济。地方政府的财政窘境、实体企业的破产、家庭个人的消费不力、地方人口的流失等，均将引起金融资产的恶化，继而破坏金融安全。

地方金融安全指数在此金融理论基础上，先依据上述指标选取原则，进行相关性测算，再按照前述的“3×3”矩阵监测内容，从近百个指标中选取9个核心指标。选取的地方金融安全指数核心指标汇总如表2所示。

表 2　地方金融安全指数核心指标

指标类型	指标名称	说明
地方政府存量指标	财政收入规模	一般公共预算收入 = 财政收入合计 - 上划中央收入合计，主要包括税收收入和非税收入两类，反映地方政府金融安全实力
地方企业存量指标	企业数量规模	工业企业法人单位数量，尽管存在较低比例的不活跃企业，但检验发现可以反映地方的实体企业整体实力
地方居民存量指标	社会消费规模	地方居民社会消费品零售总额，可以反映地方消费的实力。消费是收入的函数，也可以反映地方的收入情况
地方政府增量指标	财政收入增速	一般公共预算收入同比增速，反映地区总体财政实力的支撑力
地方企业增量指标	企业新增变化	企业法人单位数量变动值。经济蓬勃发展伴随着企业的新生，检验发现可以反映地方实体经济的总体变化情况
地方居民增量指标	社会消费增速	地方居民社会消费品零售额同比增速，可以反映地方消费的发展支撑度
地方政府潜力指标	财政收支结构	一般公共预算收入对支出覆盖的自给率，反映地区总体财政收入潜力与支出之间的可持续潜力
地方企业潜力指标	地方产业结构	地方三次不同产业的产值占比，分为第一、第二、第三产业产值，可以反映地方实体经济的优质程度及持续发展能力
地方居民潜力指标	居民人口结构	地方居民常住人口与户籍人口的比值，反映地方对劳动力的吸引程度、经济产出的潜力

由表 2 可知，存量指标可以反映地方的经济实力，为地方金融安全提供基础的支撑性；增量指标可以反映地方实体经济的增长情况，为地方金融安全提供发展的成长性；潜力指标可以反映地方实体经济的结构性质，为地方金融安全提供质量的优化性。

简化起见，不同于已有文献，未被纳入的指标较多，部分未被纳入的指标及原因如表 3 所示。

表 3　部分未被纳入的指标及原因

指标名称	明细指标	未被纳入原因
金融犯罪	检察院批捕案件数、平均每件案件涉案金额	数据分散，数据频次不固定，数据发布较为滞后，涉案危害程度难以量化
地方信用等级	地方债券的评级	地方债券的期限、品种、发行方主体过于广泛，流动性差，评级较为滞后，不同于国债，不能较好地反映地方金融安全
资金存量	存款数量	各地方存款统计口径因金融机构的经营地域不同，使得金融机构较多地区和匮乏地区严重不对应，在较多地方不具有代表性
商业银行指标	商业银行的总资产规模及变化、负债结构及变化、不良余额、不良率、坏账率、净资产收益率、资本充足率等	因银行的经营许可地不同，使得有全国性银行的地区和无全国性银行的地区差别过大，不具有代表性
社会融资规模	社会融资余额、增速	社会融资依据金融机构的资产负债表统计，不符合地域原则
上市公司	上市企业数量、股票市值、股指市盈率、分红率等	上市企业仅是一部分企业，且是否上市受制于国家上市政策鼓励程度，不能充分反映一地的实体经济情况
信用利差	政府专项债、城投公司债券、民营企业债券信用利差等	较多地方债券数据不可获取，且信用利差依赖于不同的久期期限，数据杂乱

第三节　指标筛选的变化趋势

一、指数中的地方选择

地方金融安全受同一经济政策和统计口径的影响，因此，本指数共选择了全国31个地方，不包含香港、澳门、台湾3个地方。按照前述地方情况，考察各地的金融安全程度，包括22个省（河北、山西、黑龙江、吉林、辽宁、江苏、浙江、安徽、福建、江西、山东、河南、湖北、湖南、广东、海南、四川、贵州、云南、陕西、甘肃、青海）、5个自治区（内蒙古、广西、西藏、宁夏、新疆）、4个直辖市（北京、天津、上海、重庆）。

二、指数核心指标的变化趋势

（一）各地方财政收入规模情况

地方性一般公共预算收入是地方全部财政收入中，按照分税制等原则，扣除上划给中央收入后的剩余部分。依据财政体制和税收、非税收入征收法规，征收缴入地方国库的各项税收收入、专项收入、行政事业性收费收入、罚没收入、国有资本经营收入、国有资源（资产）有偿使用收入、捐赠收入、政府住房基金收入和其他收入等，反映了地方政府金融安全实力。2010—2022年各地方财政收入规模情况如图3所示。①

① 部分地方的数据缺失，导致图形中存在空缺取值，或呈现垂直下行与上行波动情况。

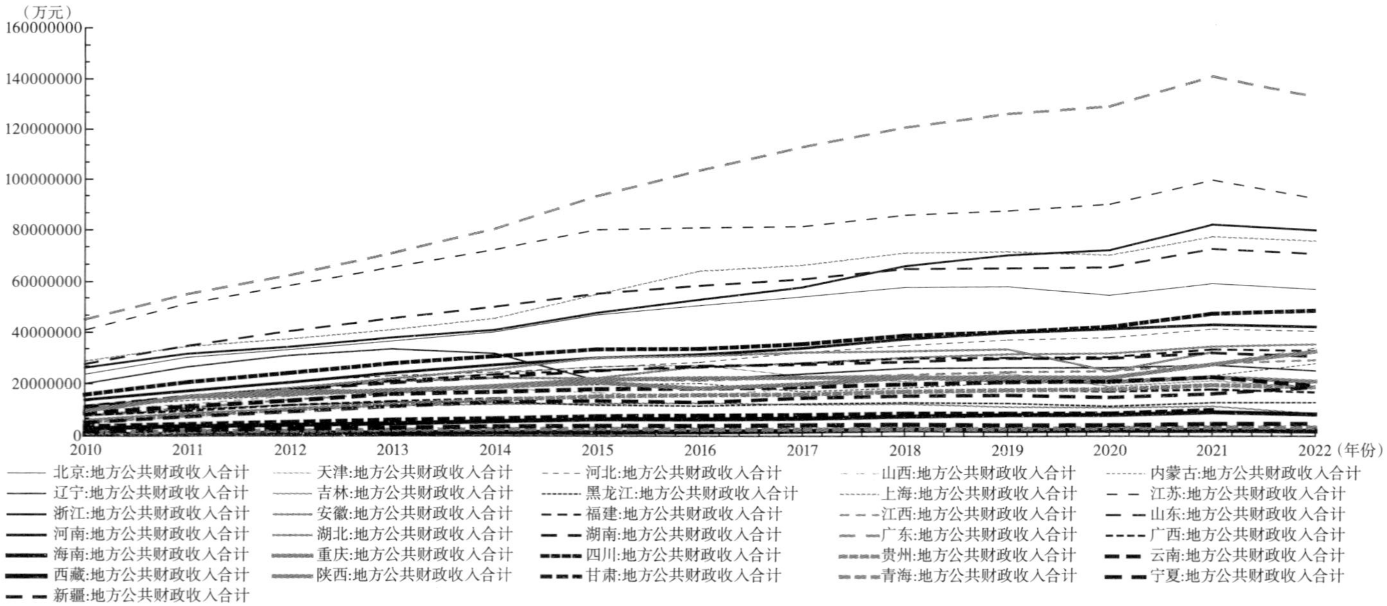

图 3　2010—2022 年各地方财政收入规模情况

资料来源：Wind、Bloomberg。

图 3 中，横轴为时间，纵轴为各地财政收入情况。可以看出，地方财政实力较强的为广东、江苏、浙江、上海、山东及北京等地，居中的为四川、河南、河北、湖北、福建、湖南、天津等地，排名靠后的为西藏、宁夏、青海、海南、甘肃、吉林、黑龙江、新疆等地。在指数构建中，需要考虑这种财政实力对金融安全的支撑度。

（二）各地方工业企业总量情况

在现代经济体系中，各地方的经济发展依赖于企业的力量。一般情况下，较为落后的地方，由于产业链缺失，企业注册数量较少；而越发达的地方，企业数量越多。只有在强大的企业数量支撑下，才会在“量变引起质变”“产业链集群”“区域经济增长极”等原理下，发展出优质的企业，实现企业质量的提升。当地方的企业实力作为地方实体经济的重要反映，实体经济又能对称性地反映金融的实力时，企业规模就反映了地方的金融安全实力。2013—2022 年各地方工业企业总量情况如图 4 所示。

图 4 中，横轴为时间，纵轴为各地方工业企业数量。可以看出，广东、江苏、浙江、山东等地的工业企业数量处于靠前位置，其中，广东的工业企业数量近年来持续增加，山东的工业企业数量呈现先降后升的情形；河南、安徽、福建、湖南、湖北、河北、江西、上海等地的工业企业数量处于居中位置，且保持上升态势；西藏、海南、宁夏、甘肃、北京等地的工业企业数量处于靠后位置。这反映出更多中小企业诞生在沿海一带，北京和上海的中小企业新生力量不足。

（三）各地方居民消费情况

地方居民消费水平是一个地方实体经济发展综合实力的体现，经济越发达，消费额越高。消费会在乘数效应下拉动本地经济，因此，消费既是经济增长的结果反映，也是驱动经济发展的因素。社会消费品零售总额，可以反映地方经济发展、金融发展的能力。2013—2022 年各地方居民消费情况如图 5 所示。

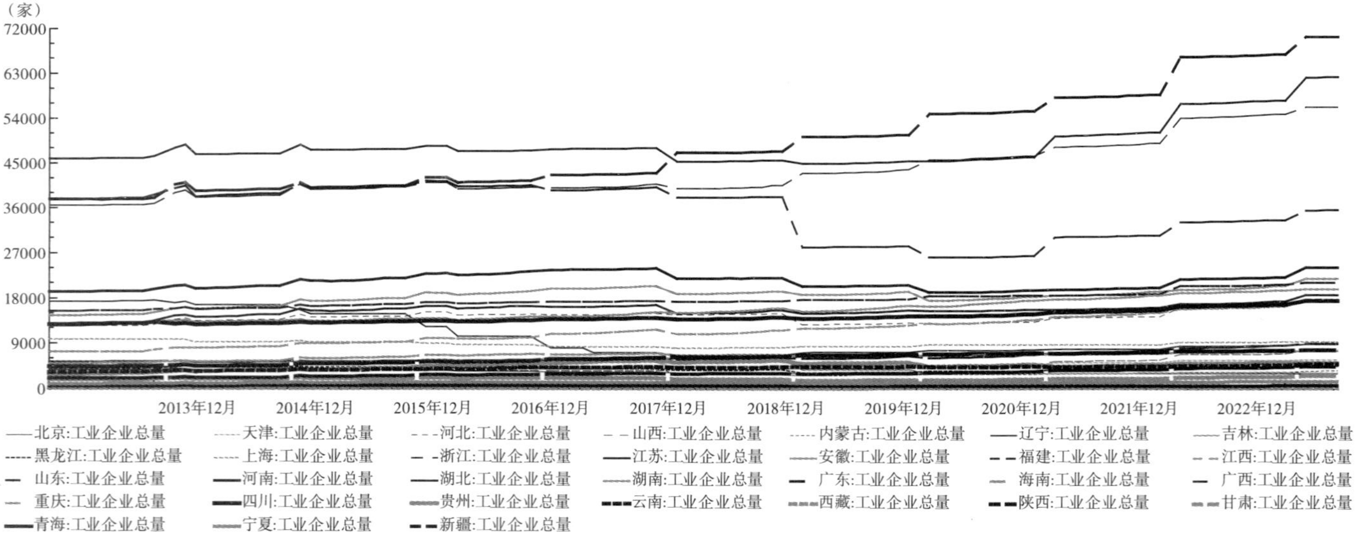

图 4　2013—2022 年各地方工业企业总量情况

资料来源：Wind、Bloomberg。

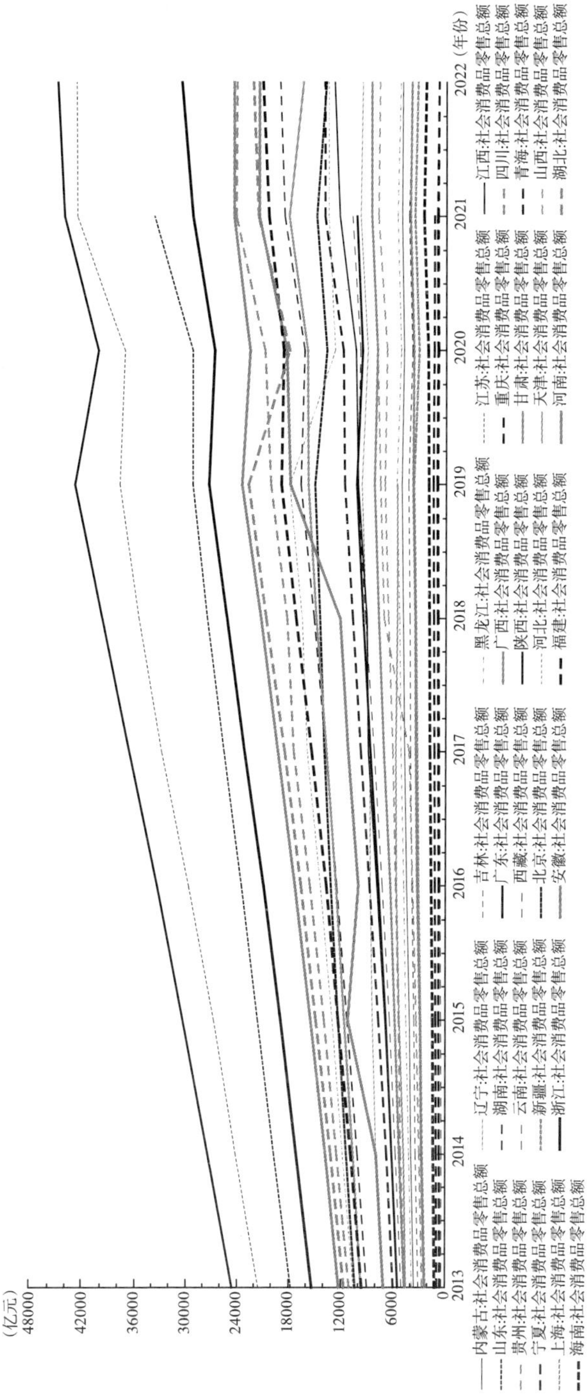

图 5　2013—2022 年各地方居民消费情况

资料来源：Wind、Bloomberg。

图5中，横轴为时间，纵轴为各地方居民的社会消费品零售总额。可以看出，依然是广东、江苏、山东、浙江等地社会消费社会消费品零售总额较高，河南、湖北、四川、福建、河北等地社会消费品零售总额处于居中位置，西藏、宁夏、海南、新疆、吉林等地社会消费品零售总额较低。

（四）各地方财政收入增速变动情况

财政收入持续保持增长和增速不下滑的前提是财政依赖的税收持续提升，或非税收入的土地出让金增加。税收收入依赖于企业的发展，重点在增值税、企业所得税和个人所得税等税项。企业的蓬勃发展和土地的持续增值，为地方财政收入的增长持续提供动力。2013—2022 年各地方财政收入增速变动情况如图 6 所示。

图6中，横轴为时间，纵轴为各地方财政收入的增速。可以看出，部分地方的财政收入增速变动较大，主要是辽宁、湖北、天津、内蒙古等地。与之对应，部分地方财政收入波动较小，主要是北京、浙江、安徽、上海等地。总体来看，各地财政收入增速呈现缓慢下行态势。

（五）各地方亏损工业企业变动情况

各地的企业从成立到成长再到衰落，关键在于企业盈利的变化。当企业连续亏损时，企业将难以生存。当一个地方大面积的企业均亏损时，则该地的实体经济出现了问题，将导致金融风险凸显。2013—2022 年各地方工业亏损企业变动情况如图 7 所示。

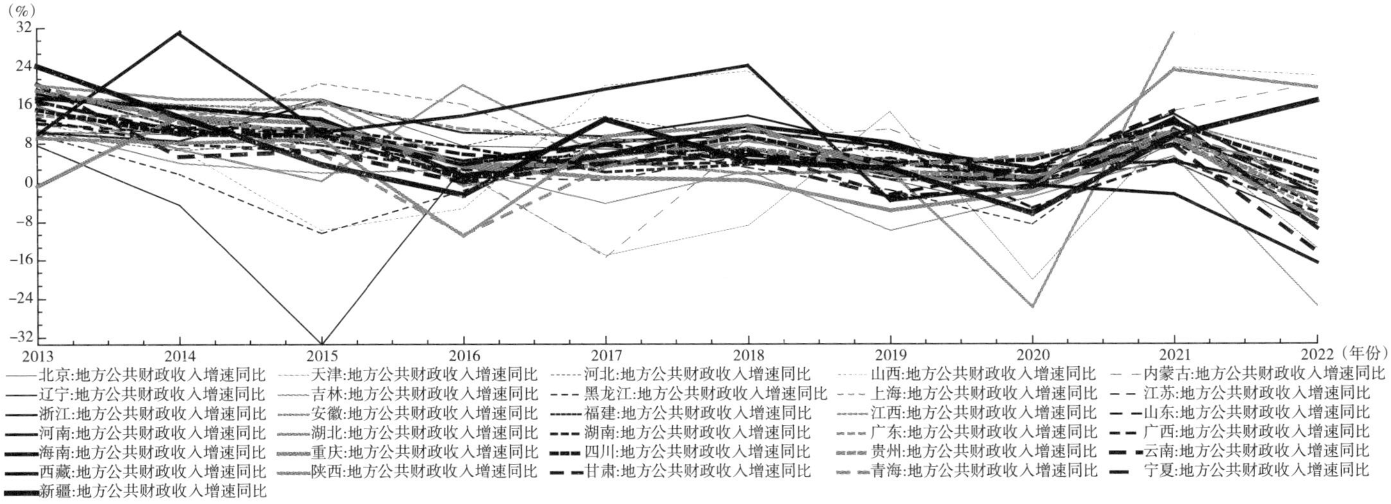

图6　2013—2022年各地方财政收入增速变动情况

资料来源：Wind、Bloomberg。

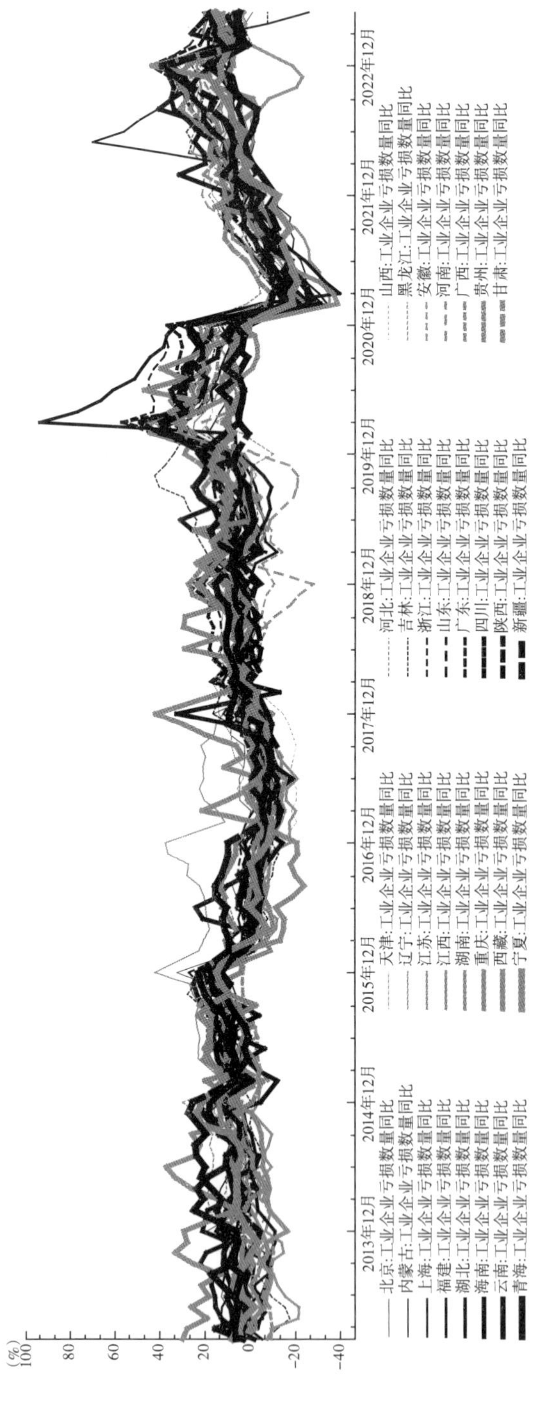

图7　2013—2022年各地方亏损企业变动情况

资料来源：Wind、Bloomberg。

图 7 中，横轴为时间，纵轴为各地方亏损的工业企业数量变动比例。可以看出，部分地方的亏损的工业企业数量变动剧烈，但整体工业企业中枢保持了方向变动的一致性。

（六）各地方居民消费增速变动情况

居民消费是地方经济的重要力量。近几年来，消费对经济增长的贡献最高。如果一地的居民消费额较大，则反映出当地的居民实际收入较高或者预期未来的收入较好，这种收入既可能来自工资性收入也可能来自财产性收入，二者均与地方企业薪酬和地方资产价格高度相关。保持一定的消费增速，对于稳定地方经济基本盘具有重要作用。2013—2022 年各地方居民消费增速变动情况如图 8 所示。

图 8 中，横轴为时间，纵轴为社会消费品零售总额同比值。可以看出，大多数地方的消费增速保持平稳；部分地方如安徽、贵州、湖北、河北等消费增速波动性略大，其中，部分波动发生在新冠疫情特殊阶段，如湖北。

（七）各地方财政自给率情况

地方财政的收支均衡，是地方财政保持平稳的基础。地方财政的收入如果能够覆盖地方财政的支出，则地方财政非常健康，不需要过大的中央转移支付。地方财政的自给率对于地方维持稳定发展、保持健康的可持续增长来说，具有重要的保障作用。如果地方财政的自给率严重不足，其发展潜力就会受到制约，在入不敷出中，地方政府违规占用社保资金、虚增收入、发展隐性债务的动机变强，金融风险会随之增大，导致金融不安全。

2013—2022 年各地方财政收支结构情况如图 9 所示。

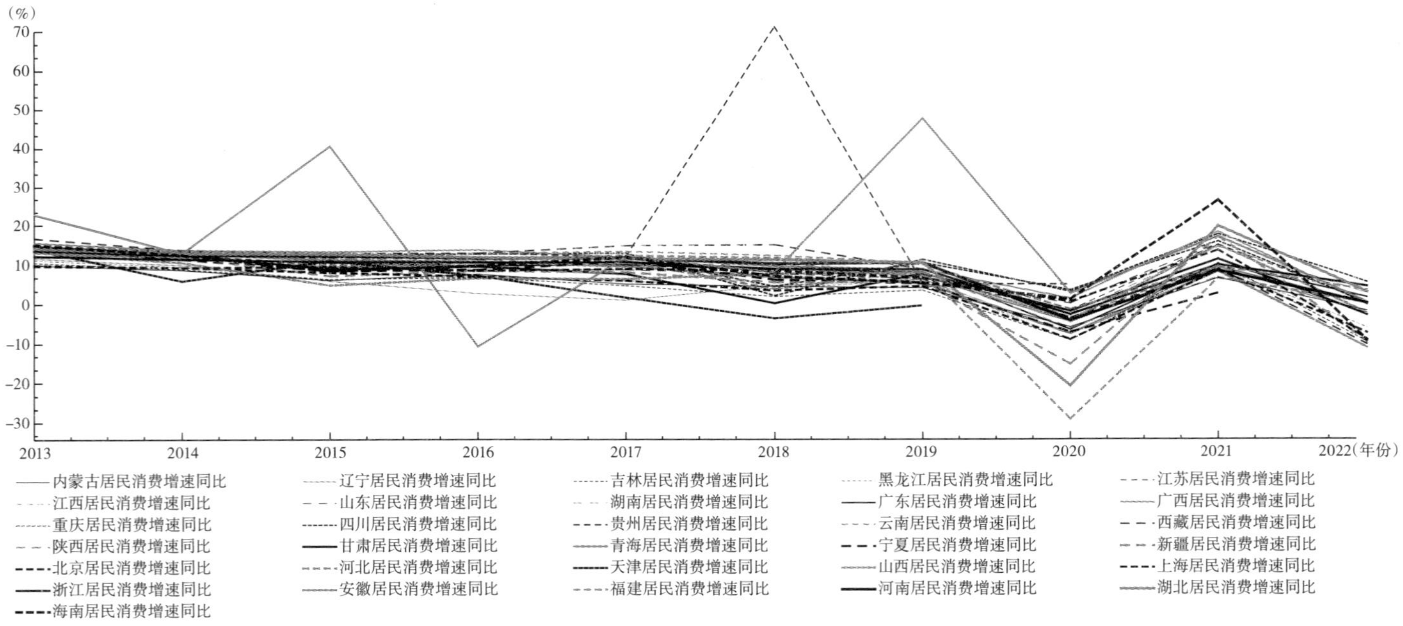

图 8　2013—2022 年各地方居民消费增速变动情况

资料来源：Wind、Bloomberg。

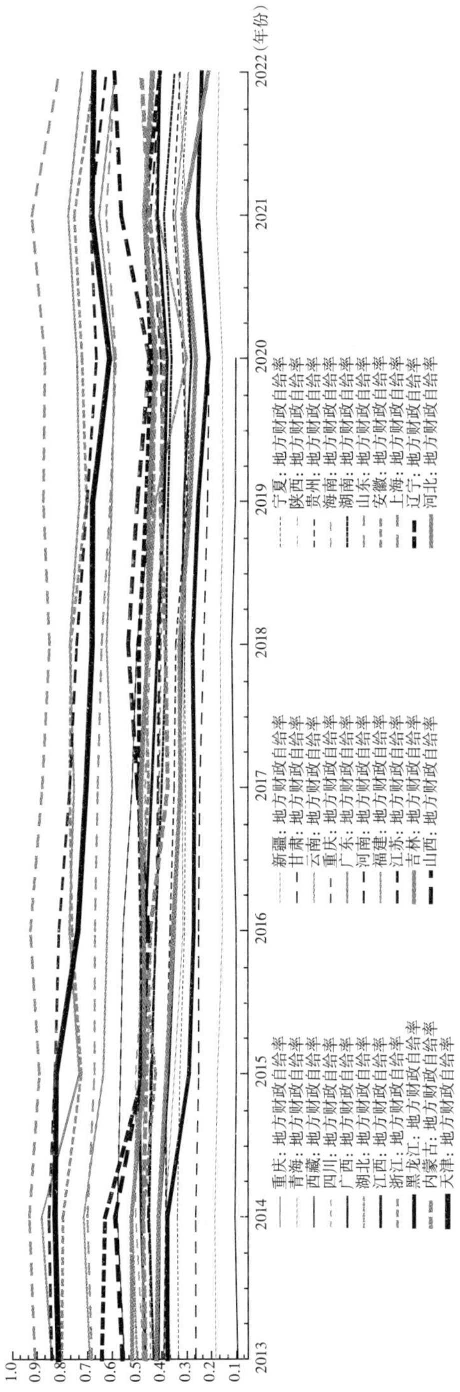

图 9　2013—2022 年各地方财政收支结构情况

资料来源：Wind、Bloomberg。

图 9 中，横轴为时间，纵轴为地方公共财政自给率。可以看出，上海的公共财政自给率最突出；广东、浙江、江苏、天津、福建、山东等地的公共财政自给率也处于较高位置；陕西、重庆、河南等地的公共财政自给率处于居中位置；西藏、青海、甘肃、吉林等地的公共财政自给率依然处于较低位置，这些地方如果未来存在财政透支，就会面临后发力不足的风险。

（八）各地方产业结构占比情况

地方经济的可持续发展和高质量发展，依赖于产业结构的持续优化。如果一个地方的第一产业占比过高，则发展不足，除了考虑第三产业与第三产业比值的合理性外，更基础的是监测一个地方第一产业的占比情况。

2013—2022 年各地方第一产业占比情况如图 10 所示。

图 10 中，横轴为时间，纵轴为各地方第一产业占比。可以看出，整体上第一产业占比呈现下降趋势，但也有一部分地方的第一产业占比上升，如黑龙江、广西、天津。当然，第一产业占比的绝对值差别较大，如天津远低于海南，但是海南第一产业占比呈现下降趋势，而天津呈现上升趋势。第一产业占比的上升，更多属于被动上升，反向证明当地现代制造业或服务业受到了一定程度的挑战。

（九）各地方居民人口结构变化情况

在地方金融安全中，居民作为一个地方主体，既从消费角度决定了消费增长的拉动，也从生产角度和劳动者素质角度决定了地方生产率的高低。尤其当一个地方具有较高的生活吸引力或工作吸引力时，会吸引外地居民迁移至本地，形成劳动力的合理流动，实现经济资源的有效配置，助推经济发展保持获利，维护基于经济基础的金融安全。根据中国特有的户籍制度人口和常住人口可区分数据，指数将一个地方的常住人口与户籍人口比值考虑进来，若比值较大，则说明常住人口多于户籍人口，表明该地方吸引了更多居民常住。若比值大于 1 ，则说明吸引力较强；若比值小于 1，则说明人口持续外流至其他省份。

2013—2021 年各地方居民人口结构变化情况如图 11 所示。

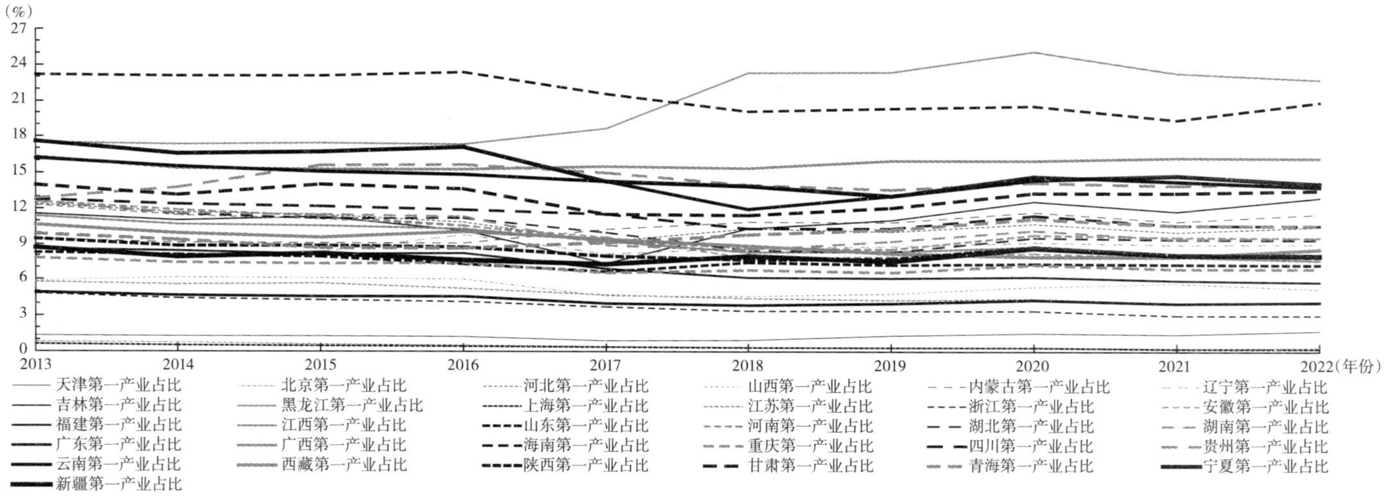

图 10 2013—2022 年各地方第一产业占比情况

资料来源：Wind、Bloomberg。

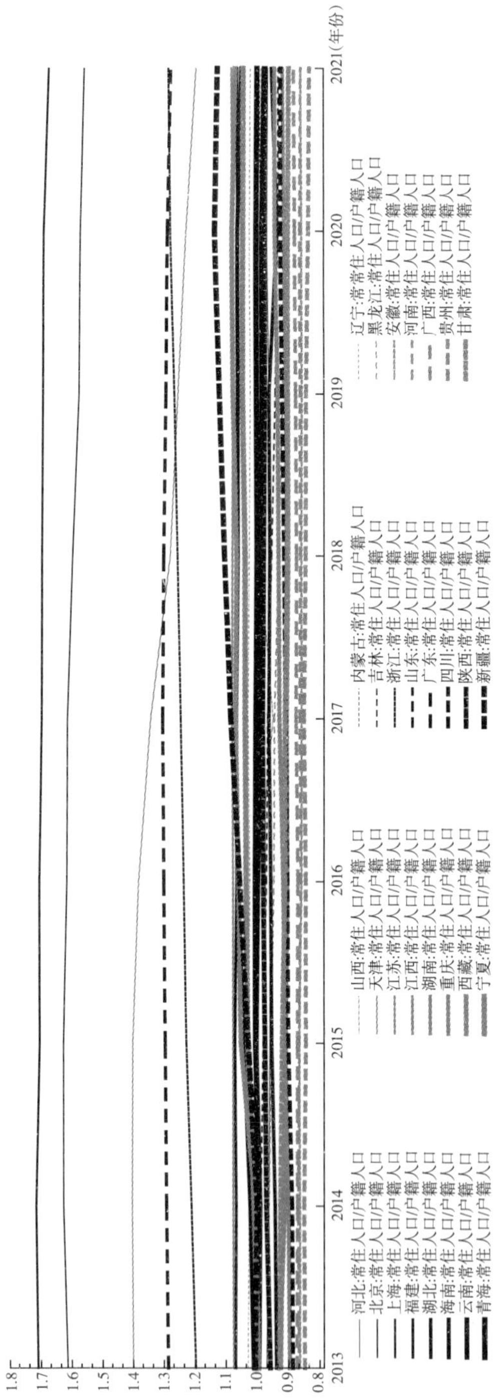

图11 2013—2021年各地方居民人口结构变化情况

资料来源：Wind、Bloomberg。

图 11 中，横轴为时间，纵轴为各地方常住人口与户籍人口的比值。可以发现，上海和北京常住人口与户籍人口比值处于较高位置，其次为广东、浙江、天津，居中为新疆、江苏、福建、宁夏、辽宁，较低为贵州、安徽、河南、广西、黑龙江等。较多地方的比值虽本身较高，但持续下降，如天津，说明产业的吸纳力不足，人口外流更多。还有部分地区的比值虽本身较低，但持续缓慢上升，如新疆。

三、部分非核心指标的变化趋势

（一）各地方房地产变化情况

房地产是各地方的重要产业，房地产价格、房地产销售金额、房地产销售面积，是影响地方经济和金融的重要变量。如果房地产销售难以持续，房价持续下降，就会对银行等金融机构的资产产生不良效应，对房产持有者产生资产衰减效应，影响消费信心。

2014—2022 年各地方房地产销售面积变化如图 12 所示。

图 12 中，横轴为时间，纵轴为各地方商品房销售面积累计同比。可以发现，2015 年以来，各地方商品房销售面积基本保持稳定；2020 年上冲以后，各地方商品房销售面积下降较为明显。总体来看，北京、上海、西藏、吉林、海南等地方的商品房销售面积波动较大，其余地方的商品房销售面积波动较小。

（二）各地方进出口变化情况

我国成为全球出口大国，是各地方出口聚合达成的效果。进出口是各地方重要的经济支柱。一个地方，既可以作为货源地，持续不断地向外提供产品，保持出口，也可以作为进口的境内目的地。考察一个地方的进出口情况，可以监测该地方金融安全的变化。2014—2022 年各地方进出口变化情况如图 13 所示。

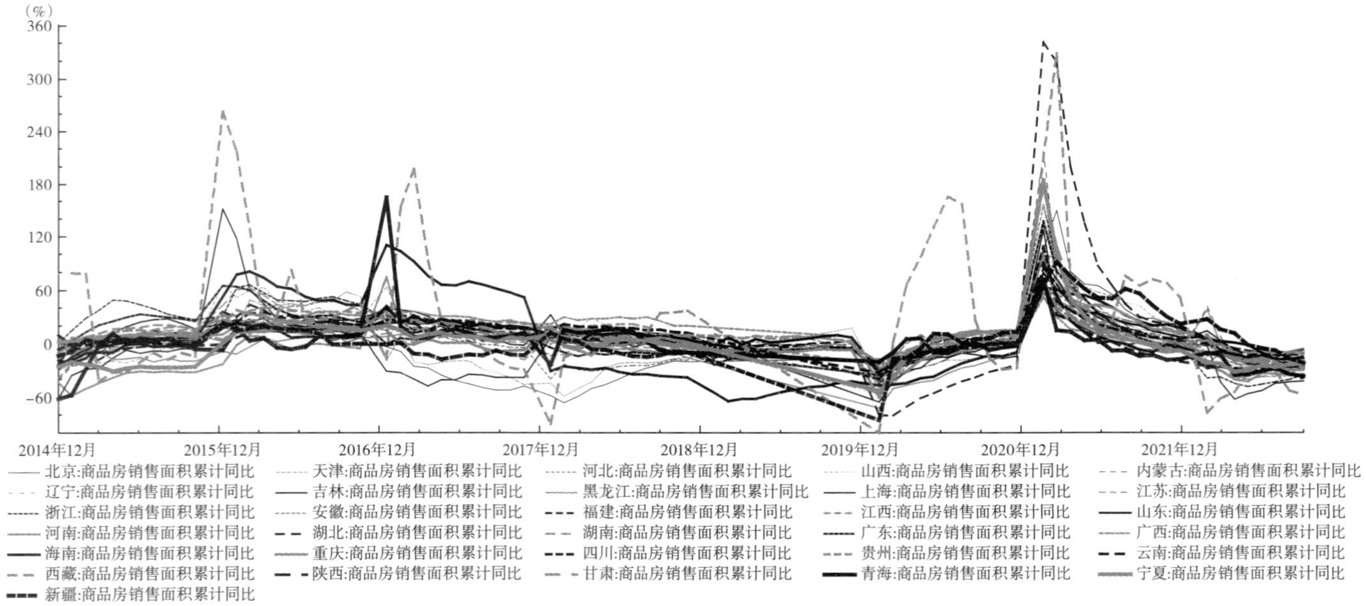

图 12　2014—2022 年各地方房地产销售面积变化情况

资料来源：Wind、Bloomberg。

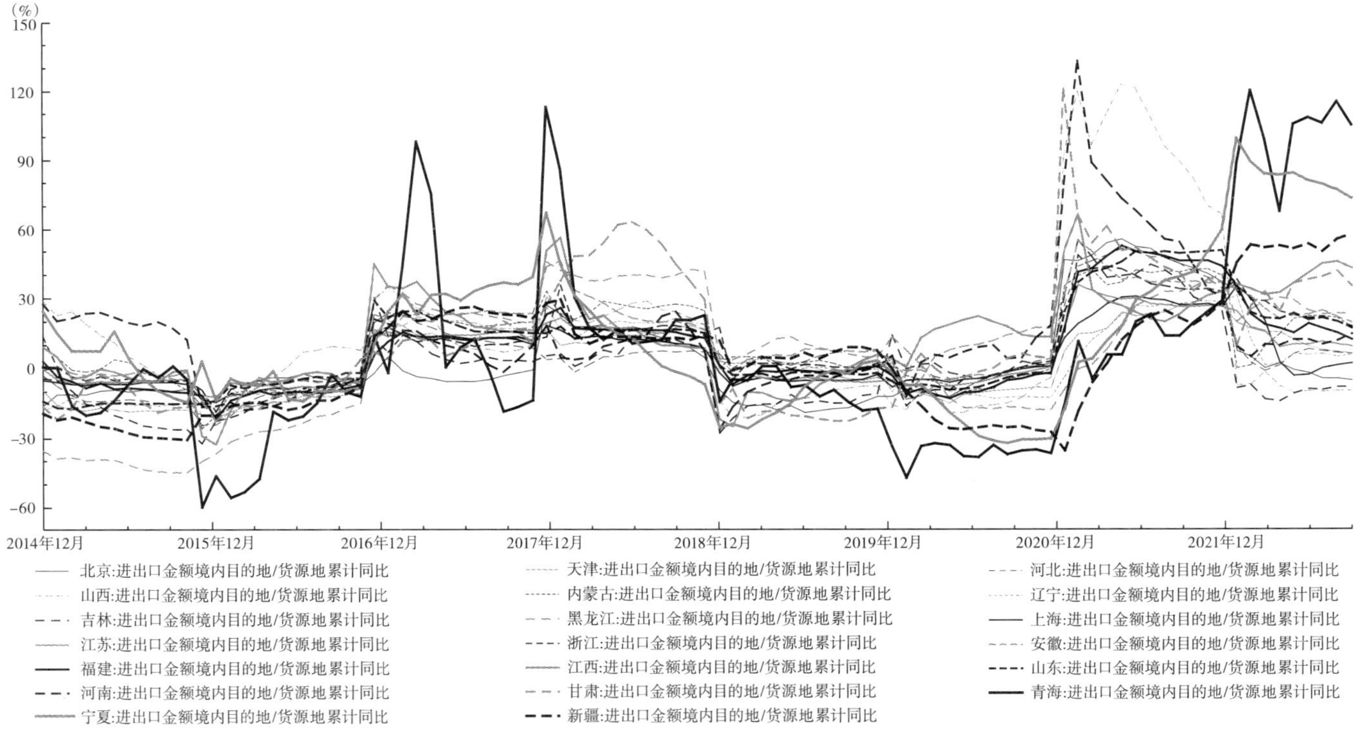

图 13 2014—2022 年各地方进出口变化情况

资料来源：Wind、Bloomberg。

图 13 中，横轴为时间，纵轴为各地方进出口金额境内目的地与货源地累计同比。可以发现，2016 年以来，各地方进出口基本保持稳定；2020 年上冲以后，一部分地方的分化变得更加明显，青海、宁夏、甘肃、江西等地进口明显大于出口，而山西、河南、北京、上海、江苏、福建则进口小于出口。

（三）各地方社会融资变化情况

社会融资是一个地方发展较为直接的金融指标。社会融资体现了金融机构对实体经济债权与股权融资支持情况，包括金融机构对地方的债券发行、债务置换、债务展期、股权上市、定向增发等内容。2015—2022 年各地方社会融资变化情况如图 14 所示。

图 14 中，横轴为时间，纵轴为各地方社会融资规模的同比变化情况。可以发现，由于基数不同，一部分省份社会融资规模表现出高波动性，尤其是青海、新疆、海南、辽宁、内蒙古等地；另一部分省份社会融资规模较为稳健。一部分省份的社会融资规模在 2020 年以后下滑较快，可能隐含了一定的金融风险，如青海。

（四）各地方第二产业占比变化情况

第二产业发展水平反映了一个地方的制造业竞争能力。保持稳定的第二产业，是地方金融安全的基本力量之一。2015—2022 年各地方第二产业占比变化情况如图 15 所示。

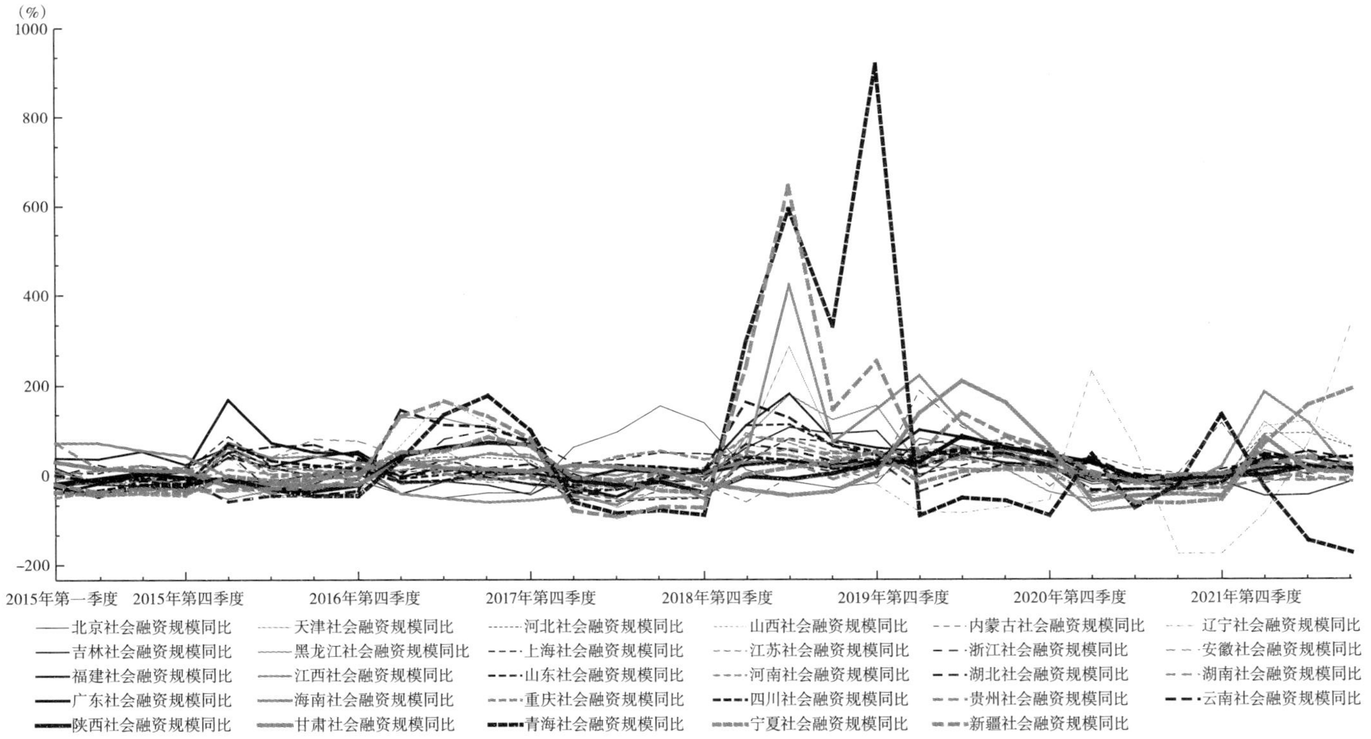

图 14 2015—2022 年各地方社会融资变化情况

资料来源：Wind、Bloomberg。

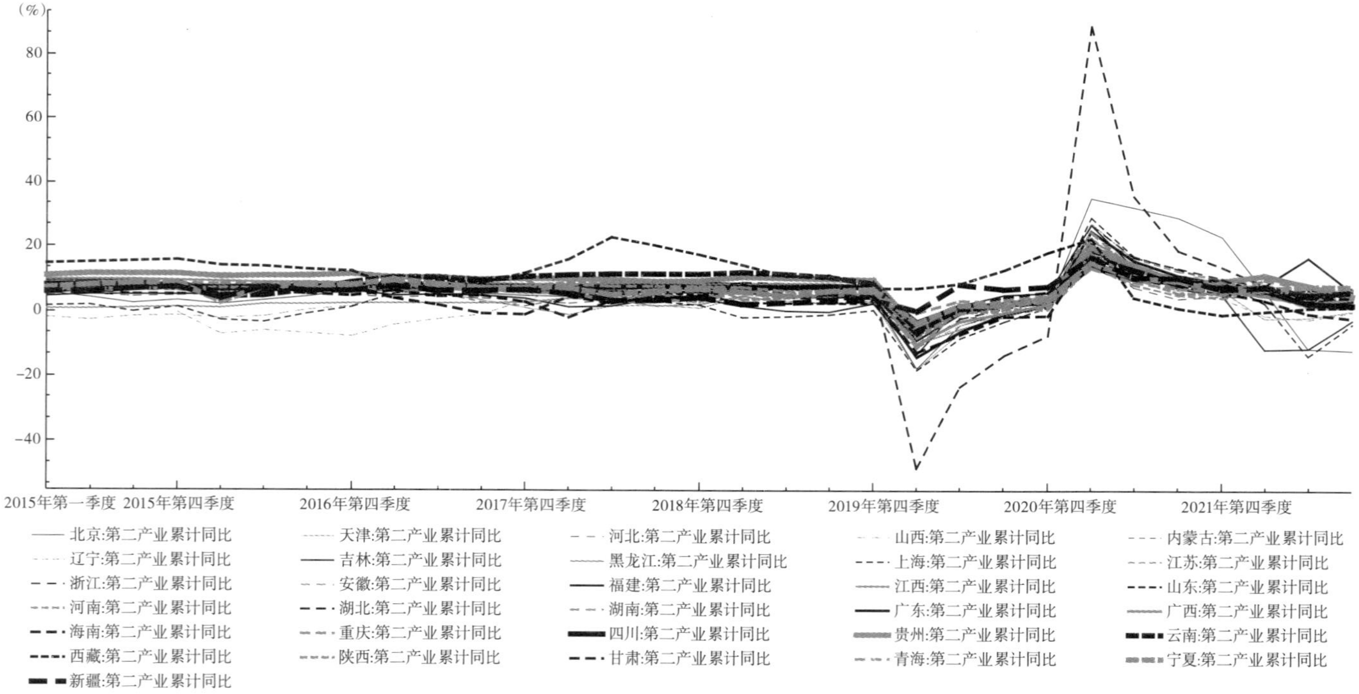

图 15　2015—2022 年各地方第二产业占比变化情况

资料来源：Wind、Bloomberg。

图 15 中，横轴为时间，纵轴为各地方第二产业累计同比变化情况。可以发现，一部分省份由于基数较小，第二产业变动表现出高波动性，如西藏；也有一部分省份是因为特殊情况，如湖北以及上海，第二产业变动明显；还有部分省份因为产业持续调整，第二产业变动也略大，如北京。

（五）各地方第三产业变化情况

第三产业是一个地方创新发展的方向，当科技服务、知识产权等创新能力逐步积累时，第三产业会逐步提高。在保持第二产业稳定的前提下，降低第一产业，提高第三产业，是一个地方稳步发展的主要路径。

2015—2022 年各地方第三产业占比变化情况如图 16 所示。

图 16 中，横轴为时间，纵轴为各地方第三产业的累计同比变化情况。可以发现，大多数地方第三产业较为稳定；个别地方因为新冠疫情特殊情况，如湖北出现了巨大波动。一部分地方因为第三产业本身占比较大，如海南，当旅游业遭受冲击时，其第三产业调整幅度较大。2020 年以来，各地方第三产业占比呈现缓慢下降态势。

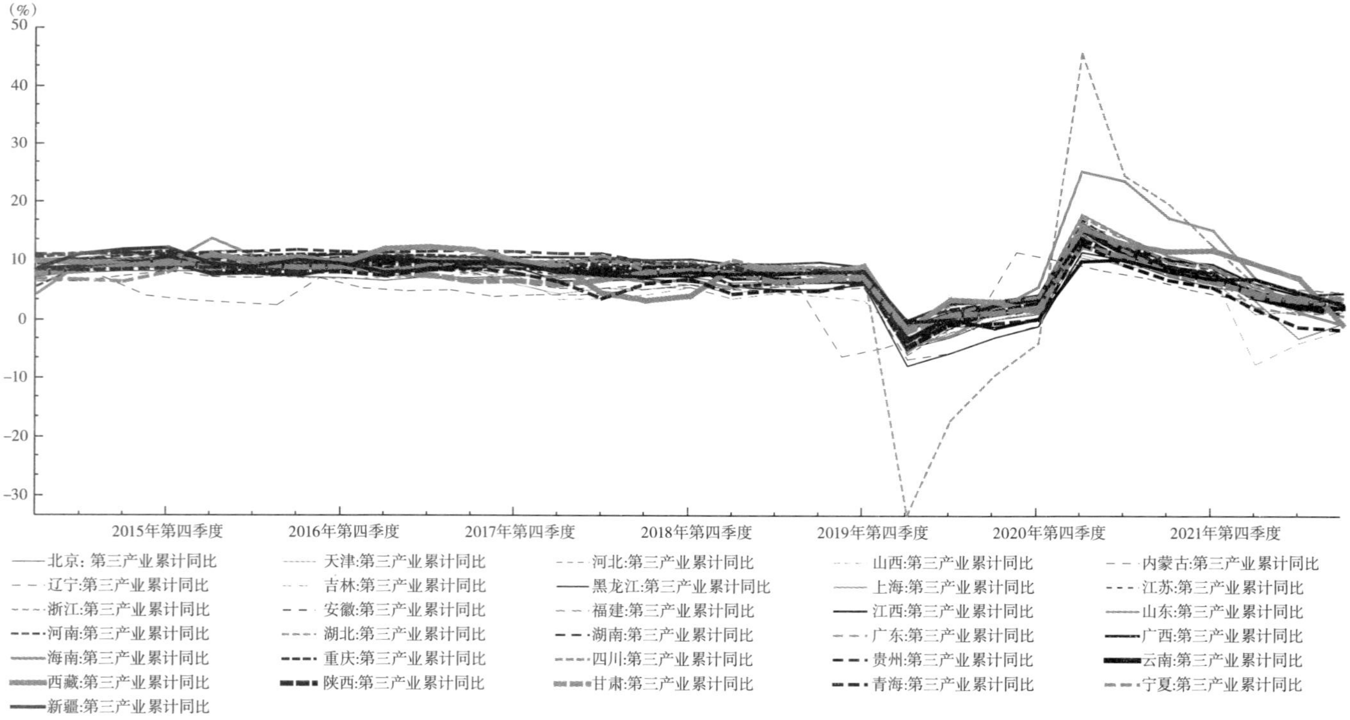

图 16　2015—2022 年各地方第三产业占比变化情况

资料来源：Wind、Bloomberg。

第四章

地方金融安全指数的评价方法

第一节 方法选择

在地方金融安全指数构建中，部分文献采用主成分分析法（Principal Component Analysis，PCA）或因子分析法。PCA 是一种降维方法，通过正交变换将一组可能存在相关性的变量数据转换为一组线性不相关的变量，转换后的变量被称为“主成分”。PCA 的主要目的是希望用较少的变量去解释原来数据中的大部分变异，将相关性很高的变量转化成彼此相互独立或不相关的变量。但主成分变量具有模糊性，变量分解后的特征值失去了金融意义，违背前述的直观解释性，容易成为停留在学术理论中的孤立性结论。同时，在主成分技术操作中，变换的矩阵必须是方阵，对数据的频次和类型提出了较高要求。

与 PCA 相似，因子分析法根据相关性大小，把原始变量分组，使同组内的变量之间相关性较高，而不同组变量之间相关性较低。每组变量代表一个基本结构，并用一个不可观测的综合变量表示，这个综合变量就称为“公共因子”。这种计算因子变量得分，构造因子变量的做法，不仅对数据矩阵方阵要求较高，而且浓缩后的因子意义不明确，失去了对地方金融安全的直接度量观察途径。

在当前国内已有的指数构建中，典型的指数方法主要是价格加权指数，其中，既包括股票价格指数、GDP[①] 平减指数等，又包括居民消费价格指数（CPI）、零售物价指数、农副产品收购价格指数等，还包括采购经

① GDP 是 Gross Domestic Product 的缩写，指一个国家和地区所有常住单位在一定时期内生产活动的全部最终成果，是较为常见的经济指标。本书中，“GDP”“国内生产总值”“地区生产总值”均有使用。

理指数（PMI）、地方创新指数等。

因此，地方金融安全指数采用通用的权重法，通过一定标准化和赋权方式，将各维度的指标合成一个综合指数。不只是价格加权，还包括对规模、增速、结构占比的加权，使指数结果较为直观。在权重确定方面，分成两部分，根据“均值+波动率”的一阶与二阶思路，首先考虑存量指标部分的权重，其决定了地方金融安全的基础水平；其次考虑增速与结构方面的权重，其决定了不同位置水平上的波动程度。

在赋权过程中，需要注意的是，有的地方发展较为缓慢，经济规模较小，而过度平稳、没有波动率的地方经济，不代表具有稳定的金融安全。

第二节　指数值界定

根据指标选取原则和金融安全分类标准，我们得出8类安全目标结果，如表4所示。

表4　金融安全等级类别及其含义

金融安全等级类别	含义
安全1类	金融安全极差等级至金融危机等级
安全2类	金融安全很差等级至临近发生金融危机等级
安全3类	金融安全较差等级
安全4类	金融安全欠佳等级
安全5类	金融安全中等等级
安全6类	金融安全较好等级
安全7类	金融安全优良等级
安全8类	金融安全极好等级

由表4可知，地方金融安全指数被区分为8类取值。从安全1类到安全8类，依次代表一地从低到高的金融安全程度。

第五章

地方金融安全指数的合成

第一节 指标合成预处理

首先是量纲。将单一指标去量纲化，再赋予指标适宜的权重。尽管主要核心指标的数据均为百分比，但部分指标范围为 0 ~ 100%，还有部分指标在 100% 以上，例如，地方财政自给率可能超过 100%，地方居民中常住人口与户籍人口比值也可能超过 100%。对于可能超过 100% 的数据，在权重测试时，要考虑其绝对值过大可能对指数带来的干扰。核心指标安全界定如表 5 所示。

表 5 核心指标安全界定

指标	目标（越安全）	数据单位
财政收入绝对额占比	财政收入绝对额占全国比重越大，越有利于地方金融安全	%
工业企业数量占比	工业企业数量占全国比例越大，越有利于地方金融安全	%
社会消费品零售总额占比	社会消费品零售总额占全国比例越大，越有利于地方金融安全	%
财政收入增速	财政收入增速同比为正，持续时间越长，且下行波动率越小，越有利于地方金融安全	%
亏损工业企业数量变化	工业企业亏损数量同比越低，持续时间越长，且上行波动率越小，越有利于地方金融安全	%
居民消费增速	居民消费增速同比为正，持续时间越长，且下行波动率越小，越有利于地方金融安全	%
地方财政自给率	地方财政自给率越高，且下行波动率越小，越有利于地方金融安全	%
地方产业结构	地方第一产业占比越高，且下行波动率越小，越不利于地方金融安全	%
居民人口结构	常住人口与户籍人口比值越大，且下行波动率越小，越有利于地方金融安全	%

由表 5 可知，不同的指标与地方金融安全之间的正负相关系数不同，各自不同的经济含义和波动方向与金融安全相同或相反。

其次是频次。地方金融安全的数据不同于国家金融安全，不具有高频数据，如汇率、利率，各地方也不具备周度级别的较高频次数据。虽然部分地方统计较为完备，发布月度数据和季度数据，但很多地方对实体企业的月度数据、居民的季度数据统计不足。从最大公约数角度出发，地方金融安全指数只能选用年度频次，以保证 31 个地方的数据保持在同一频次。

第二节　指标合成后赋值

权重合成后，得到指数值，将指数值呈比例放大或缩小至金融安全指数值区间，按照指数值对应表，得出金融安全等级。指数值得分越高，金融安全程度越高。

计算出结果后的金融安全指数赋值与等级赋值对应情况如表 6 所示。

表 6　金融安全指数值与等级赋值对应表

金融安全等级类别	含义	算法赋值	合成指数（以 100 为基期值）
安全 1 类	金融安全极差等级至金融危机等级	第 1 个 0 ~ 1 逻辑值	40 以下
安全 2 类	金融安全很差等级至临近发生金融危机等级	第 2 个 0 ~ 1 逻辑值	40 ~ 60
安全 3 类	金融安全较差等级	第 3 个 0 ~ 1 逻辑值	60 ~ 80
安全 4 类	金融安全欠佳等级	第 4 个 0 ~ 1 逻辑值	80 ~ 120
安全 5 类	金融安全中等等级	第 5 个 0 ~ 1 逻辑值	120 ~ 160
安全 6 类	金融安全较好等级	第 6 个 0 ~ 1 逻辑值	160 ~ 180
安全 7 类	金融安全优良等级	第 7 个 0 ~ 1 逻辑值	180 ~ 200
安全 8 类	金融安全极好等级	第 8 个 0 ~ 1 逻辑值	200 及以上

由表 6 可知，不同的金融安全程度与指数值之间存在对应关系。例如，指数计算值处于 80 ~ 120，则进入安全 4 类，表示该地的金融安全处于欠佳等级。如果指数计算值处于 120 ~ 160，则进入安全 5 类，表示该地的金融安全处于中等等级。

第六章

地方金融安全指数应用

第一节　地方金融安全指数前十区间

一、地方金融安全指数前十区间排名

我们通过合规的公开渠道，收集了截至 2024 年 8 月初，已经公开的全国各省（包含自治区）和直辖市到 2023 年年底的金融经济相关数据，根据相关计算结果，地方金融安全指数前十区间排名如下（表 7）。

表 7　地方金融安全指数前十区间排名（2023 年）

直辖市排名
北京
上海
省（包含自治区）排名
广东
江苏
山东
浙江
四川
河南
安徽
湖南

说明：考虑到直辖市具有一定的特殊性，直辖市和省（包含自治区）采用了分开排名的方式。

二、地方金融安全指数前十区间相关省市金融安全发展特征分析说明

本章第二节至第十一节，对排名在地方金融安全指数前十区间的省市金融安全发展特征进行了综述。综述所引用数据、政策文件等资料，均来自各省市已经公开的权威文件、权威报告及权威媒体的相关严肃报道等。

需要特别说明的是，地方金融安全指数前十区间各省市金融安全发展特征的分析，是根据各省市自身的金融发展特点进行综述和梳理的（因此各有特色），旨在突出各相关省市金融安全发展的优势和经验，为全国各地方金融安全高质量发展提供参考借鉴。

为了更为充分、完整地反映各相关省市金融安全发展的典型经验和做法，一是本章第二节至第十一节的相关分析和论述所引用的权威数据和资料并未局限于2023年之前，而是对各省市截至2024年8月初已公开的相关权威数据和资料也进行了引用；二是本章第二节至第十一节对各省市金融安全的分析，并未完全采用计算“地方金融安全指数前十区间排名”所涉及的系列参数的具体数据，而是只采用了各地政府已公开的法律法规、文件、报告和相关权威媒体报道资料，其中大部分为原文引用，以确保公开出版内容严格合规。

第二节　北京市金融安全发展特征

北京市通过加强制度供给、提高金融法治化水平构筑了坚实的金融安全根基，为金融业的高质量发展提供了保障。2023 年，北京市精准有力落实稳健的货币政策，发挥金融业优势产业支撑作用，聚焦首都“四个中心”定位做好金融支持和服务，有效防控金融风险，纵深推进外汇领域改革创新，服务首都高水平制度型开放。

一、金融业实现高质量发展，为实体经济注入强劲动能

北京市金融业呈现全面稳健发展态势。银行业资产规模增长，不良贷款率下降，信贷投放创历史新高且利率下调。央行政策性资金投放力度加大，重点支持科技创新、高端制造等领域。证券业和保险业稳步发展，直接融资规模恢复增长。在风险防控方面，重点领域风险处置取得突破，金融监管机制不断完善。同时，北京积极推进金融改革创新，加速构建高水平开放新格局，并通过优化金融服务提升管理水平。综合人民银行发布的《北京市金融运行报告（2024）》看，北京市经济运行主要呈现以下几个特征：

一是银行业稳健运行，信贷投放“量增、价降”。2023 年末，北京市银行业金融机构资产总额同比增长 9.2%，不良贷款率稳中有降。北京地区金融机构人民币贷款余额 10.9 万亿元，同比增长 13.4%，较年初增加 1.3 万亿元，贷款新增量创历史新高。2023 年 12 月，北京市金融机构一般贷款加权平均利率为 3.44%，同比下降 0.11 个百分点。

二是央行政策性资金在京投放量创历史新高，引导信贷结构持续优

化。全年在北京地区累计投放货币政策资金超1900亿元，精准支持市场主体11.0万户。持续优化北京地区“融”“通”系列专项再贷款再贴现工具，近六成政策资金定向支持科技创新、高端制造、绿色发展、普惠小微等重点领域和薄弱环节，带动全辖制造业中长期贷款、绿色贷款、普惠小微贷款余额分别同比增长36.8%、28.2%、23.0%。

三是证券业、保险业稳步发展，对实体经济支持质效提升。辖内证券公司、基金管理公司资产规模分别同比增长2.0%、7.7%，直接融资规模恢复增长，北交所和新三板市场功能不断完善。保险业资产规模持续扩大，同比增长13.6%，保费收入稳步增长，保险业着力服务首都民生保障工作，在重点及薄弱领域服务质效增强。

四是持续防范化解重大金融风险，金融监管和风险化解取得新突破。重点领域金融风险处置取得突破，持续推进辖内村镇银行改革重组，重点企业集团风险处置有序推进。不断完善金融风险防控长效机制，筑牢存款保险金融安全网。

五是外汇领域改革创新扎实推进，首都金融高水平开放新格局加速构建。纵深推动“两区”建设，服务首都高水平制度型开放，有序推进本外币一体化资金池试点扩围升级，推动优质企业贸易外汇收支便利化政策提质增效，切实提升境外来华人士金融服务便利化水平。

六是金融服务和管理水平不断提升。进一步推广简易开户，辖内银行网点简易开户覆盖率达100%。持续落实支付手续费减费让利政策。“金融公共数据专区+创信融+京云征信”北京特色地方征信平台的服务能力和水平不断提高。筑牢安全合规发展防线，持续打击外汇违法违规行为，不断提升反洗钱工作水平。

二、加强制度供给，构建多层次的金融安全保障体系

北京市第十五届人民代表大会常务委员会第三十次会议于2021年4月16日通过《北京市地方金融监督管理条例》（简称《条例》）。《条例》要求强化地方金融组织经营责任，承担防范和处置本组织金融风险的主体责任，尊重并保障金融消费者的财产安全、知情、自主选择、公平交易、信

息保护等权益。通过鼓励规范金融创新，加强金融科技创新监管，优化金融营商环境，进一步促进金融服务经济高质量发展，服务国家金融管理中心建设。

一是坚持党的领导，强化地方金融监管法治化建设。《条例》的制定贯彻了习近平总书记关于金融工作的重要指示精神，落实了党中央、国务院赋予的地方金融监管职责。通过地方立法，明确了地方金融监管的法律依据，填补了制度空白，为地方金融监管提供了有力的法治保障。

二是明确监管职责，构建多层次协同监管体系。《条例》明确了市、区两级政府和相关部门在地方金融监管中的职责分工，建立了金融工作议事协调机制。同时，强调了与中央金融管理部门的协作，以及与其他省区市的区域协同，形成了全方位、多层次的监管合力，有利于提高监管效能。

三是规范市场准入，严格地方金融组织监管。《条例》对地方金融组织的设立、变更、退出等全生命周期进行了规范，明确了准入条件和审批程序。同时，要求地方金融组织履行诚信义务，保护金融消费者权益，承担风险防范主体责任，为维护市场秩序、防控金融风险奠定了基础。

四是创新监管方式，提升地方金融治理能力。《条例》赋予了地方金融监管部门现场检查、非现场监管、监管谈话等多种监管手段，并引入了分级分类监管、包容审慎监管等创新理念。通过建立健全信息公示制度、信用监管机制等，推动了监管手段的现代化，有利于提高监管的精准性和有效性。

五是完善风险防控，构建金融安全防线。《条例》建立了金融风险监测预警、应急处置等机制，明确了各部门在风险防控中的职责。通过建立金融风险监测预警平台，加强对违法违规金融活动的防范和处置，为维护首都金融安全提供了制度保障。

六是优化发展环境，促进金融创新发展。《条例》鼓励规范金融创新，支持金融科技发展，推动金融服务经济高质量发展。通过优化金融营商环境，培育金融人才，促进金融资源聚集，为服务国家金融管理中心建设提供了有力支撑。

七是强化法律责任，提高违法成本。《条例》对违反规定的行为设置了相应的法律责任，包括行政处罚和市场禁入等措施，明确了处罚标准和裁量基准。通过加大处罚力度，提高了违法成本，有利于形成有效的市场约束和警示作用。

三、提高金融法治化水平，密织首都金融安全网

一是深入学习宣传贯彻党的二十大精神和习近平法治思想。北京市金融监管局党组把党的二十大精神和习近平法治思想纳入党组理论学习中心组学习和党员学习计划，深入学习领会核心要义。严格落实领导干部学法用法制度，高质量组织会前学法，及时组织各党支部集体学习、党员自学。把党的二十大精神和习近平法治思想贯彻落实到扎实推进依法行政和法治政府建设全过程、各方面。在北京市金融监管局官网开设并更新学习宣传贯彻习近平法治思想、政策法规专栏内容，宣传解读国家及本市重要法律法规、中央及各省市以习近平法治思想为指引推进法治建设的先进做法。

二是不断提高首都金融法治化水平。第一，健全制度体系。北京市融资担保公司、小额贷款公司、地方交易场所、区域性股权市场、典当行、商业保理公司、融资租赁公司等7类地方金融组织行业监管办法作为《北京市地方金融监督管理条例》的配套规范性文件发布实施，落实行政裁量基准制度，制定发布地方金融监管行政裁量权基准。第二，持续提升民主决策水平。落实“三重一大”决策制度和重大行政决策程序，发挥法律顾问和公职律师作用，依法制定行政规范性文件，加强对重大行政执法决定和规范性文件、合同协议等法律文书的合法性审核和备案，及时做好清理工作，强化公平竞争审查工作机制。第三，加强行政执法规范与效能建设。全面落实行政执法“三项制度”，严格规范公正文明执法，科学组织现场检查、非现场监管，严肃查处违法违规行为。推进执法队伍建设，加强行政执法人员培训和储备。第四，稳妥化解社会矛盾纠纷。高度重视信访工作，认真落实“接诉即办”，依法办理行政复议案件和行政诉讼案件。第五，认真开展普法依法治理。加强党内法规制度和重点领域法律法规学

习宣传，组织4次会前学法、2次法治讲座。制定单位2023年普法依法治理工作要点，持续开展“蜜蜂计划”“百千万宣教工程”等金融风险防范宣教活动。第六，切实推进政务公开。按时办结111件人大代表建议和政协委员提案，加大政府信息公开力度，办理信息公开申请。

三是在市场化法治化轨道上推进高质量发展。第一，提升金融服务实体经济质效。发挥各类融资对接机制作用，继续用好“融资纾困直通车”，常态化举办“畅融工程”。“23・7”特大暴雨洪涝灾害发生后，首都保险业立即开展灾后保险救援理赔工作，切实发挥经济减震器和社会稳定器作用。第二，推进金融高水平开放。对接国际高标准经贸规则先行先试，助力推出“两区”建设金融领域2.0政策，一批标志性、重量级金融机构扩大在京机构和业务规模。高规格举办论坛、会议等。第三，深化金融改革发展。推动中关村科创金融改革试验区获批，正式印发本市实施方案。金融科技创新监管工具应用和资本市场金融科技创新试点持续领先，稳步推进数字人民币全域试点。推动京津冀协同发展，支持金融机构为城市副中心和雄安新区建设提供综合金融服务。第四，提高地方金融监管效能。严把准入、审慎审批，严格履行地方金融组织准入审批流程，加强涉金融字样企业工商登记前置管理。

综合截至2024年8月中旬的北京市金融安全相关数据和资料来看，近年来，北京市坚持党的领导，深入贯彻新发展理念，充分发挥“四个中心”功能，持续完善金融监管体系，深化金融改革创新，防范化解金融风险，筑牢金融安全根基。北京市通过制定《北京市地方金融监督管理条例》，明确了地方金融监管的法律依据，构建了多层次协同监管体系，规范了市场准入，创新了监管方式，完善了风险防控机制，为维护首都金融安全提供了坚实的制度保障。同时，通过不断健全制度体系，加强行政执法规范与效能建设，推进普法依法治理工作，提升了北京金融监管的法治化、规范化水平，为首都金融高质量发展提供了有力保障。

第三节　上海市金融安全发展特征

上海市坚持稳中求进工作总基调，统筹高质量发展和高水平安全，聚焦有效防控金融风险，金融业整体保持稳健发展。《上海市金融运行报告(2024)》显示，上海市总体来看，非法金融活动、私募基金、互联网金融等风险在整治后整体呈收敛态势；债券市场违约、地方政府债务和外部冲击等领域风险总体可控；非银行支付机构经营风险、上市公司退市风险和地方金融组织风险总体可控。

一、金融业持续健康发展，改革创新力度显著提升

上海市金融业总体运行平稳，各项存款在上年高基数的基础上继续保持增长，信贷合理增长均衡投放，结构不断优化，融资成本持续回落，证券期货交易活跃，保险保障功能进一步提升，持续推动高水平金融开放，强化全球资源配置能力。综合人民银行发布的《上海市金融运行报告(2024)》看，上海市金融业运行主要呈现以下几个特征：

一是银行业整体稳健，服务实体经济质效持续提升。2023 年末，本外币存、贷款余额分别为 20.4 万亿元和 11.2 万亿元，同比分别增长 6.3% 和 7.3%，其中，新增贷款主要投向制造业、租赁商务服务业和高新技术服务业等实体经济行业。重点领域信贷支持进一步加强，制造业中长期贷款和普惠小微贷款余额同比分别增长 32.2% 和 22.9%；为实体经济减负让利成效显著，企业贷款加权平均利率为 3.34%，同比下降 0.25 个百分点，小微企业贷款加权平均利率为 3.62%，同比下降 0.37 个百分点。

二是社会融资规模平稳增长，结构性货币政策工具持续支持重点领域

和薄弱环节。2023 年，上海社会融资规模增量为 7411 亿元。全年累计发放支农支小再贷款和再贴现资金 2121 亿元，同比增长 38.2%，惠及涉农、小微、民营等市场主体 12000 余户，支持企业主要分布在制造业和批发零售业，占比 57.8%。普惠小微贷款支持工具带动相关地方法人银行机构新增普惠小微贷款 454 亿元。推动金融机构发放符合碳减排支持工具以及支持煤炭清洁高效利用、科技创新、交通物流、设备更新改造等专项再贷款要求的贷款 458 亿元。创新推出“沪科专贷”“沪科专贴”，积极助力上海科创金融改革试验区和科创中心建设。

三是证券期货和保险业稳步发展，多层次金融市场体系建设持续推进。证券机构体系不断完善，业务规模快速增长，企业上市融资与并购稳步推进；保险机构和从业人员稳步增加，保险业务结构持续优化，经济社会保障功能进一步发挥；金融、商品期货交易活跃，定价功能进一步凸显。

四是金融基础设施不断完善，区域金融合作持续加深。全力保障金融基础设施稳定运行，统筹做好支付系统业务管理和指导，稳妥推进上海市本外币合一银行结算账户体系试点。挖掘数据潜力，推进信息共享，加快推进上海市地方征信平台建设。聚焦有效防控金融风险，不良贷款率维持低位，金融业整体保持稳健发展。扎实推进《上海市、南京市、杭州市、合肥市、嘉兴市建设科创金融改革试验区总体方案》落地实施，加大金融支持科技创新力度，积极推动长三角绿色金融协同发展，持续完善长三角征信链平台建设，扎实开展区域金融风险联防共治，服务长三角一体化发展取得新突破。

五是推动高水平金融开放，强化全球资源配置能力。持续深化金融机构环境信息披露工作，积极开展绿色金融综合评价试点，协调引领绿色金融标准建设，绿色金融改革创新取得新成效。跨境投资开放水平持续提高，探索拓展跨境和离岸金融服务。在直接投资方面，合格境外有限合伙人更简便的资金汇兑、更广泛的投资范围和更多样的组织形式等试点政策，已由临港新片区扩围至全市。跨国公司跨境资金集中运营管理扩面提质，便利跨国公司灵活、高效调拨跨境资金。加快修订《上海市推进国际金融中心建设条例》，吸引集聚高能级金融机构和国际金融组织来沪展业兴业。推进国际金融资产交易平台建设，进一步提升国际再保险中心能级。支持金融服务企业走出去，开展金融数据跨境流动。

二、多部门共筑协同机制，助力金融风险化解

2023 年 3 月 29 日，上海金融法院发布《金融司法与金融监管防范化解金融风险协同机制》（简称《协同机制》）。《协同机制》是上海金融法院联合上海市承担行政监管、自律管理职能的相关机构推出的一项制度成果，是充分融合上海金融审判专业优势与金融要素市场集聚优势，合力防范化解金融风险的创新实践。成员单位就与诉讼相关的金融风险防控问题交换意见、协调处置，打造一系列常态化协同工作板块，合力防范和化解金融风险，维护金融市场稳定，服务金融高水平发展，保障上海国际金融中心建设。

《协同机制》确立四项工作基本原则：一是坚持系统观念，统筹金融创新开放与风险防范，统筹司法政策与监管政策，提升金融市场综合治理效能；二是坚持协同善治，为各方开展金融风险防控工作提供便利和协助，共同优化金融法治化营商环境；三是坚持共建共治，成员单位优势互补、相互促进，共同提高金融法治工作水平和风险防范化解能力；四是坚持独立履职，在分工明确、职责清晰的基础上开展协同，尊重金融监管职能，维护金融司法权威。

《协同机制》明确了“五联”重点工作：一是金融市场法律风险联防化解，协同做好金融机构风险处置，守住不发生系统性风险的底线；二是金融司法监管信息联络通报，常态化交换协同情况，定期召开协同会议通报风险防控相关工作，促进信息有效联通；三是金融法治案例联合研究推介，联合成立金融法治案例研究中心，联合评选推介金融专门领域法治典型案例，发挥金融裁判规则示范引导作用；四是金融法治重大问题联合调研，共同深化研究上海国际金融中心建设重点领域的前沿重大金融法律问题，为金融高水平改革开放进程中的风险防控提供智力支持；五是金融法治高端人才联合培养，联合打造金融司法与金融监管协同专家库，建立人

才双向交流机制，培养金融法治高端复合型人才。

三、统筹开放与安全，营造与国际接轨的优良金融生态

一是持续增强对重点领域和薄弱环节的服务能力，为实体经济高质量发展营造良好营商环境。主要是两方面，第一，打造服务科创企业的投融资链条。发挥风险投资“最先一公里”作用，积极支持初创期科创企业加快发展。发挥银行信贷作用，“科技履约贷”“科创助力贷”等科技专属信贷产品持续完善。第二，为中小微企业成长保驾护航。启动普惠金融顾问制度。普惠金融实现“增量扩面、提质降价。”

二是持续扩大金融高水平改革开放，为中外资金融机构集聚发展营造良好营商环境。主要体现在三方面：第一，金融开放枢纽门户地位更加凸显。上海自贸试验区及临港新片区先行先试效应显著，创设自由贸易账户，推出跨境双向人民币资金池，开展跨境贸易投资高水平开放外汇管理改革试点。“沪港通”“债券通”“沪伦通”陆续推出，金融市场互联互通取得重要进展。“上海金”“上海油”“上海铜”等“上海价格”国际影响力日益提升。第二，金融中心城市品牌知名度日益扩大。陆家嘴金融城在全国率先实施“业界共治+法定机构”公共治理架构，沿黄浦江金融集聚带承载力不断提升。第三，中外资金融机构加快集聚。一系列全国“首家”“首批”外资金融机构先后落沪，机构类型涵盖绝大部分对外资最新开放的业务领域。

三是持续推动金融领域数字化转型，为金融服务赋能营造良好营商环境。主要是三方面：第一，金融科技数据资源逐步丰富，支持成立上海数据交易所，建设地方金融监管信息平台。第二，金融科技生态系统初步构建，吸引培育一大批优质金融科技企业，成立金融科技产业联盟、智能投研技术联盟。第三，重大试点有序推进，开展人民银行金融科技创新监管工具、资本市场金融科技创新等试点。实施数字人民币试点，数字人民币长三角跨区域支付等重点创新场景在沪落地，金融科技中心建设初见成效。

四是持续形成与国际接轨的金融规则制度，为更好参与国际合作竞争

营造良好营商环境。主要是三方面：第一金融法治建设深入推进。在全国率先设立金融法院、金融仲裁院。市人大颁布《上海市地方金融监督管理条例》《上海市浦东新区绿色金融发展若干规定》。第二，信用与消费者保护体系建设不断健全。人民银行征信中心在沪成立，中证中小投资者服务中心、中证资本市场法律服务中心、上海市金融消费纠纷调解中心、上海银行业保险业纠纷调解中心成立。第三，城市治理水平不断提高。“一网通办”“一网统管”深入推进。金融风险总体可控且呈收敛态势，重大金融风险防范化解攻坚战取得重要阶段性成果，获得国务院维护金融秩序、化解金融风险的表彰。

五是持续打造国际金融人才高地，为金融人才落地生根营造良好营商环境。深入实施“上海金才”工程，加大力度引进海外高层次金融人才，不断完善金融人才服务政策，保障金融人才扎根上海、安心工作。

第四节　广东省金融安全发展特征

2023 年，广东省金融业增加值突破 1. 2 万亿元，成为我国第一个金融业增加值破万亿元的省份。近年来，广东持续推动金融高质量发展，金融服务实体经济、防范化解金融风险和金融改革开放走在全国前列，在实现金融安全的高质量发展方面呈现出以下几个方面的特征。

一、广东省金融高质量发展

一是金融产业地位不断巩固：成为我国第一个金融业增加值破 10000 亿元的省份，2023 年达到 1. 24 万亿元，占 GDP 比重提高到 9. 2%，对财政税收贡献率提高到 16%。

二是金融市场规模全国领先：存贷款规模分别达到 35 万亿元和 27 万亿元，均占全国的 1/9；证券交易额突破 300 万亿元，占全国的 40%，境内上市公司达到 872 家，占全国的 1/6；保费收入超过 6500 亿元，占全国的 1/8。

三是现代金融体系加快完善：全省法人金融企业数量达到 559 家，资产规模超过 45 万亿元。

四是粤港澳大湾区国际金融枢纽建设成效显著：不断深化股票“深港通”，推出“互换通”“基金通”“债券通”“跨境理财通”、跨境车险“等效先认”、跨境资金“电子围网”等金融改革开放试点，人民币自 2020 年起持续成为大湾区第一大结算货币。

五是金融对制造业当家和科技创新强省建设的支持迭创新高：社会融资规模、从资本市场融资额、险资入粤投资金额 6 年来均增长一倍；制造业贷款和科技贷款年均增速超过25%，占新增贷款比重从不到1/10提高到1/3；注册制实施以来共有212家科创企业在科创板和创业板上市，全省创投及股权投资机构管理资金达2.5万亿元。

六是金融服务“百千万工程”走深走实：粤东粤西粤北地区信贷余额和涉农贷款规模翻了一番，增速创十余年新高。在全国率先实现政策性农房保险100%覆盖。派驻近30000名金融助理和金融特派员进村入户。

七是金融为绿美广东、海洋强省建设等实现新突破注入强劲动能：绿色信贷超3万亿元，海洋牧场等海洋产业融资超5000亿元，绿色和蓝色债券余额超6000亿元。

二、金融风险防范基础坚实

广东金融系统始终将防范化解金融风险作为工作的重中之重。长期以来，广东金融监管部门多措并举，标本兼治，有效维护了地方金融稳定。通过系统整治，广东金融生态显著改善，牢牢守住了不发生系统性、区域性金融风险的底线，金融安全水平稳步提升。

近年来，广东准确研判形势，全面综合施策，银行业不良贷款率、高风险中小金融机构数量和非法集资发案数均显著下降，防范和处置非法集资工作连续4年考评全国第一，牢牢守住了金融安全的底线。根据《广东省金融运行报告（2024）》，可以从五个方面体现出广东省具备坚实的金融风险防范基础。

一是银行业运行平稳。截至2023年末，银行业资产总额38.6万亿元，同比增长9.8%；本外币各项存、贷款余额同比分别增长8.9%、9.5%。

二是证券业和保险业有序发展。证券市场助力企业拓宽融资渠道，2023年全年新增A股上市公司51家，广东企业通过三大证券交易所实现直接融资超万亿元。保险保障扩面增效，2023年实现保费收入6556亿元，同比增长11.2%。

三是金融服务实体经济成效显著。用好用足结构性货币政策工具，精准支持科技创新、先进制造、绿色发展、民营小微、乡村振兴等重点领域和薄弱环节。“再贴现+绿票贴现+数字人民币”业务试点落地，“粤科融”支小再贷款专项额度、“智链通”“绿链通”“科创贴”“云碳贴”等再贴现专项支持计划接续创设，货币政策工具“首贴户”“首享户”拓展等专项行动、新型农业经营主体主办行服务创新开展，375 个首贷服务中心（专窗）陆续开办，服务实体经济质效不断提升。

四是金融生态环境不断优化。率先开展地方金融组织批量接入征信系统的新模式试点工作，覆盖全部放贷类地方金融组织。中征应收账款融资服务平台助力破解企业融资抵质押难题，全年促成融资 10551 笔，金额 893 亿元，其中近 85% 的资金流向中小微企业。移动支付下沉乡镇三年工作顺利启动，积极探索“移动支付 + 便民生活”场景模式，创新搭建“移动支付 + 特色产业”发展模式，实现移动支付应用乡镇全覆盖目标。截至 2023 年末，广东（不含深圳）累计建设并验收移动支付下沉达标镇 765 个。

五是金融高水平对外开放持续深化。2023 年，广东跨境人民币结算额达 7.4 万亿元，同比增长 25.1%，占同期本外币跨境结算的 53.1%，较上年度提高 8.7 个百分点，人民币成为全省第一大跨境结算货币。“跨境理财通”、跨境贸易投资高水平开放、跨国公司本外币跨境资金集中运营管理、私募股权跨境投资等试点取得新成效。

三、金融创新与监管并重

广东地方金融发展不仅注重风险防范，还积极推动金融创新，实现了创新与监管的良性互动。

金融创新方面，根据《广东省金融运行报告（2024）》，广东 2023 年以来的金融创新主要体现在用好用足结构性货币政策工具，精准支持科技创新、先进制造、绿色发展、民营小微、乡村振兴等重点领域和薄弱环节。

第一，创新科技金融服务体系。一是创设 60 亿元“粤科融”支小再贷款专项额度，大力支持科技创新型小微企业。二是创新再贴现工具运用方式，推出“智链通”“绿链通”再贴现专项额度支持相关产业，截至 2023 年末已为 423 家企业办理近 30 亿元。三是用好科技创新再贷款，截至2023年末，21家全国性银行在粤分支机构发放相关贷款2442亿元，惠及1.3万家企业。四是创新科创信贷产品，指导辖内银行机构创新推出“科技成果转化贷”，帮助暂时无大量销售收入或者低销售收入的科技型中小企业获得资金支持。五是用好企业创新积分制，支持银行机构建立并推广应用以企业创新能力为核心指标的融资专属评价体系，推动广州、佛山等地建立适用于不同发展阶段企业的差异化评价指标体系及赋分规则，支持银行机构根据企业创新积分设计专属金融产品。六是支持发行混合型科创票据，健全债券市场服务科技创新功能，推动科技企业探索发行科创票据，拓宽科技型企业融资渠道。

第二，创新惠农金融服务。“再贴现+绿票贴现+数字人民币”业务试点落地，“粤科融”支小再贷款专项额度、“智链通”“绿链通”“科创贴”“云碳贴”等再贴现专项支持计划接续创设，货币政策工具“首贴户”“首享户”拓展等专项行动、新型农业经营主体主办行服务创新开展，375个首贷服务中心（专窗）陆续开办，服务实体经济质效不断提升。

第三，创新优化金融生态环境。移动支付下沉乡镇三年工作顺利启动，积极探索“移动支付+便民生活”场景模式，创新搭建“移动支付+特色产业”发展模式，实现移动支付应用乡镇全覆盖目标。截至2023年末，广东（不含深圳）累计建设并验收移动支付下沉达标镇765个。

金融监管方面：一是始终坚持党中央对金融工作的集中统一领导，把握广东金融发展的正确方向。二是始终扛起金融监管的首位主责，筑牢广东金融安全屏障。加强风险监测预警和早期纠正，化解中小金融机构风险，满足房地产合理融资需求，配合化解地方债务风险，打击非法金融活动，确保金融安全。三是始终牢记金融工作的天职和宗旨，支持广东高质量发展走在前列。以服务实体经济为己任，支持国家重大战略实施和重点领域建设，助力广东高质量发展走在前列。四是始终锚定金融强国建设目标，赋能广东由“金融大省”加快发展为“金融强省”。推动粤港澳监管规则衔接，提升广东银行业保险业综合实力，助力广东由“金融大省”发展为“金融强省”。五是始终保持强监管严监管态势，不断提升广东金融监管工作质效。加强“五大监管”，推进监管支局建设，从严治党，打造高素质专业化监管铁军。

四、跨境金融合作不断开放

广东作为粤港澳大湾区的重要组成部分，具有较好的区位优势。在跨境金融合作与开放方面持续深化，走在了全国前列。2023 年，广东跨境人民币结算额达 7.4 万亿元，同比增长 25.1%，占同期本外币跨境结算的 53.1%，较上年度提高 8.7 个百分点，人民币成为全省第一大跨境结算货币。“跨境理财通”、跨境贸易投资高水平开放、跨国公司本外币跨境资金集中运营管理、私募股权跨境投资等试点取得新成效。

五、金融服务实体经济成效显著

广东金融系统始终坚持以服务实体经济为宗旨，通过优化信贷结构、提升金融服务质效等措施，为广东经济高质量发展提供了有力支持。

一是用好用足结构性货币政策工具，精准支持科技创新、先进制造、绿色发展、民营小微、乡村振兴等重点领域和薄弱环节。“再贴现 + 绿票贴现 + 数字人民币”业务试点落地，“粤科融”支小再贷款专项额度、“智链通”“绿链通”“科创贴”“云碳贴”等再贴现专项支持计划接续创设，货币政策工具“首贴户”“首享户”拓展等专项行动、新型农业经营主体主办行服务创新开展，375 个首贷服务中心（专窗）陆续开办，服务实体经济质效不断提升。

二是注重对科技型企业的支持。第一，制定出台制度文件。联合广东省科技厅等部门研究起草《关于加快推进科技金融深度融合助力科技型企业创新发展的实施意见》，系统性谋划 15 方面政策措施，为广东科技型企业全生命周期提供多元化、全方位、协同式、接力式金融支撑的综合服务体系。第二，完善配套政策支持。联合广东省科技厅等部门起草《广东省科技信贷风险补偿管理办法》，推动设立广东省科技信贷风险补偿金，通过创新设立“粤科贷”评价指标体系，对贷款企业的科技创新能力进行综合评价，省、市级联动后，最高补偿比例可达 90%。第三，强化政策督导落实。与相关行业主管部门建立联络机制，共同探索建立科技型企业金融服务效果评估机制，重点推动创新金融产品，优化业务流程。制定《关于进一步做好科技型企业融资支持工作的通知》，从工作机制、贷款规模、信贷产品、债券发行、创新服务、能力提升、防范风险等七个方面提出具体要求，确保金融支持科技型企业融资工作取得实效。

总体而言，广东地方金融安全发展既体现了高度的风险防范意识，又展现了金融创新与监管并重的发展模式。从当前的发展趋势看，广东将继续深化金融改革开放，加强金融监管和风险防范，推动金融更好地服务实体经济和社会民生，为经济高质量发展作出新的更大贡献。

第五节　江苏省金融安全发展特征

江苏省货币信贷和社会融资规模平稳增长，信贷结构持续优化，融资成本稳中有降，推动经济高质量发展取得明显成效。《江苏省金融运行报告（2024）》显示，金融安全方面，江苏省全面推进落实“监测预警、介入处置、有效防御”风险防控监管体系。积极稳妥化解单体机构风险，有效防范化解房地产等重点领域风险，全省银行业保持稳健运行。

一、金融业总体运行平稳，区域金融稳定基础不断夯实

面对错综复杂的经济金融形势，江苏省金融系统坚持以习近平新时代中国特色社会主义思想为指引，完整、准确、全面贯彻新发展理念，牢牢把握金融工作的政治性、人民性，忠实履行各项职责使命，助力全省经济运行率先整体好转和持续回升向好。综合人民银行发布的《江苏省金融运行报告（2024）》看，江苏省金融运行主要呈现以下特点：

一是稳健货币政策实施有力有效。2023 年，全省社会融资规模增量为 3.7 万亿元，新增本外币贷款 2.9 万亿元。融资成本稳中有降，2023 年全省新发放的一般贷款、企业贷款、普惠小微贷款加权平均利率分别为 4.43%、3.96%和 4.36%，同比分别下降 0.40 个、0.36 个和 0.54 个百分点。

二是金融服务实体经济更加精准。金融支持保经营主体成效显著。全省普惠小微贷款余额 3.2 万亿元，同比增长 25.5%，惠及普惠小微贷款户数 313 万户，同比增长 19.6%。绿色金融快速发展，2023 年末绿色信贷余额 3.5 万亿元，同比增长 46.5%。结构性货币政策工具发挥精准滴灌作

用，2023 年，累计投放再贷款再贴现 4107 亿元，同比增加 235 亿元，受益小微企业、个体工商户等市场主体超 16 万户。金融支持重点领域力度进一步加大，全省制造业本外币贷款余额 3.1 万亿元，同比增长 16.1%，高于各项贷款增速 2.0 个百分点，连续 40 个月实现两位数增长。

三是金融改革创新活力彰显。昆山市金融支持深化两岸产业合作改革创新试验区建设纵深推进，继续做深两岸金融合作。南京全面稳步推进科创金融改革试验区建设，“科技—产业—金融”良性循环的科创金融高质量发展格局雏形已显。金融支持自贸试验区高质量发展扎实推进，自贸试验区信贷支持、金融服务以及开放创新等工作稳步推进。

四是区域金融稳定基础不断夯实。将常态化推进“大排查、大处置、大提升”行动与完善风险监管体系有机结合，打造全面、准确、及时、可操作的风险预警、处置和防御体系。全省银行业不良贷款率 0.70%，与年初基本持平，法人银行业金融机构不良贷款率 1.05%。

五是外汇管理和跨境人民币工作成效显著。推动银行通过外汇衍生业务向企业让利 15 亿元，全年全省外汇汇率套期保值规模近 1900 亿美元，外汇汇率套期保值比率达 35.0%。跨境人民币业务量保持大幅增长势头。2023 年，全省跨境人民币优质可信企业达 2107 家，全年跨境人民币业务量同比增长 52.0%，比上年高近 20 个百分点。2023 年，江苏省跨境电商人民币结算量达 1337 亿元。

六是金融管理和服务提质增效。支付环境持续优化，实现以移动支付场景建设带动消费复苏。在全省范围内推广实施金融科技创新监管工具，已公示四批 17 项创新应用。经理国库质效提升，践行绿色发展理念，全面实施国库会计档案电子化管理。持续推进长三角征信链建设，实现信用信息跨区域互联互通，截至 2023 年末，长三角征信链已实现江浙沪皖 18 个城市 31 个节点的互联互通。推动建设“线上 + 线下”“集中性 + 阵地化”的金融知识宣传教育新格局，消费者金融素养稳步提升。

二、守牢金融安全底线，加强地方金融监管

2021 年 3 月 31 日江苏省第十三届人民代表大会常务委员会第二十二

次会议通过了《江苏省地方金融条例》（简称《条例》）。这部条例力图让监管成为“有牙齿的老虎”，聚焦加强地方金融监管作出系统规定，把防范化解金融风险作为根本，把打击非法金融活动作为关键，明确了非法金融活动的内涵，并拟规定禁止任何形式的非法金融活动。

一是守住底线，扛起地方监管责任。加强地方金融监管，首先要明确范围。《条例》将地方金融组织界定为国家有关规则相对清晰明确的“7 + N”类组织，并根据立法调研中一些地方的建议，规定在江苏省设立分支机构或者是开展经营业务范围内业务的省外地方金融组织，也要纳入江苏省地方金融监管范围。此次立法秉持全过程监管原则，在设立上明确地方金融组织要有相关的业务许可或者经营资格，地方金融组织的重大事项、重要业务等应当向地方金融监管部门备案或者报告，对地方金融组织市场退出也作了程序性规定。

二是打击非法金融活动，高度重视互联网金融监管。《条例》把打击非法金融活动作为关键，明确了非法金融活动的内涵，要求任何组织和个人不得未经依法许可或者违反国家金融管理规定，擅自从事金融业务活动，禁止任何形式的非法集资，并针对实践中的种种情形作了充分考虑。

三是“强监管”“促发展”并重。《条例》为地方金融条例，除了强调加强监管，服务实体经济、促进经济发展也是题中应有之义。结合地方金融发展和金融监管新要求，既要强化属地金融风险防范责任，也要推动金融服务实体经济，“强监管”和“促发展”并重。为此，《条例》增加了“金融发展和服务”专章，明确了制定金融发展规划，统筹推进金融发展与金融稳定，推动现代金融与实体经济、科技创新、人力资源系统发展的规定，并将支持金融对外开放和跨境金融合作，优化金融生态环境，推动普惠金融、科技金融、绿色金融等国家政策支持领域的相关金融服务等写入条例，要求地方金融组织立足服务当地实体经济，支持中小企业和农民、农业、农村经济组织融资，为实体经济提供可获得性、多样性的金融产品和服务。

此外，江苏金融监管部门坚持统筹发展和安全，牢牢守住不发生系统性金融风险的底线。把防控金融风险放在更加重要的位置，努力做到对风险早识别、早预警、早发现、早处置。一是压实风险防控责任。通过举行监管会谈、采取监管措施、实施行政处罚等手段，压实银行保险机构风险防控主体责任。加强与地方政府沟通汇报，推动地方政府落实属地责任。坚决扛起监管责任，做好风险处置协调配合。二是积极推进中小金融机构改革化险。将中小法人监管作为当前一项重要任务，坚持“一行一策”“一司一策”，加快推进中小银行保险机构改革化险。三是稳妥应对重点领域风险。做好“保交楼、保民生、保稳定”工作，满足房地产市场合理融资需求。满足刚性和改善性住房需求，支持长租房市场建设，坚持房住不炒定位，推动房地产业向新发展模式平稳过渡。配合化解地方政府隐性债务风险，坚决遏制增量、化解存量。四是强化金融稳定保障体系。完善金融安全网和风险处置长效机制，牢牢守住不发生区域性、系统性金融风险底线。

三、严厉打击金融犯罪，构建金融安全生态屏障

一是印发《关于加强金融审判维护金融安全的指导意见》（简称《指导意见》），引导全省各级法院进一步明确金融审判目标方向、深化金融审判理念、统一金融裁判尺度、充分发挥金融审判延伸职能，维护金融安全，为建设“强富美高”新江苏、推动高质量发展走在前列提供有力的金融司法保障。《指导意见》整体目标是通过完善金融审判工作，维护金融稳定，促进经济健康发展。

二是开展“打击治理洗钱违法犯罪三年行动”，多部门协同维护金融安全。2021 年 5 月，江苏省监委、省高院、省检察院、省公安厅、人民银行南京分行等五部门首次联合向全省印发了《关于预防打击洗钱犯罪的合作意见》，以推动洗钱罪定罪宣判为目标，构建了案件联合会商、重大案件督办、信息共享、联合通报宣传四大合作机制，加强了五部门在各自职责范围，以及专业领域内的优势互补和职能合作。2021 年，五部门开展案件会商百余次，全省人民银行积极履行反洗钱职能协助司法机关开展调查 25 次，协助破获案件 71 起，涉案金额 300 余亿元。通过三年专项行动，江苏省一方面依法严厉打击各类洗钱违法犯罪活动，不断增强洗钱犯罪侦

查、起诉和审判质效，加大惩治洗钱犯罪力度，坚决遏制洗钱犯罪蔓延态势，最大限度阻断违法犯罪所得及其收益的转移行为；另一方面，建立多部门参与、密切协同配合的打击治理并重的工作机制，进一步加大对金融机构、非银行支付机构履行反洗钱义务的监督管理，同时，加强与办案及司法机关的联动，通过对重大的洗钱案件以案倒查的形式，强化对金融机构、非银行支付机构洗钱风险管理的监管和指导，实现对洗钱违法犯罪活动源头治理。

第六节　山东省金融安全发展特征

近年来，山东省经济保持稳中向好、进中提质的良好态势，金融发挥了重要支撑作用，自身发展成效也非常明显，金融总体规模、服务实体经济成效、机构组织体系、金融改革创新、风险防范化解能力不断提升。

一、金融指标提升向好，金融风险防控稳妥推进

山东省金融业呈现出稳步提升的发展态势。主要金融指标增长强劲，新增社会融资规模和贷款创历史新高，融资结构持续优化，精准对接实体经济需求。贷款市场报价利率（LPR）改革效能持续释放，助力实体经济减负。区域金融改革深入推进，在财富管理、普惠金融和科创金融等方面取得显著成效。金融生态环境建设和风险防控稳步推进，金融服务水平不断提升，机构盈利能力明显改善。综合人民银行发布的《山东省金融运行报告（2024）》看，山东省金融运行主要呈现以下特点：

一是主要金融指标增势良好，保障实体经济融资顺畅。全年新增社会融资规模 2.4 万亿元、新增本外币贷款 1.4 万亿元，均创历史新高。全省境内上市公司共计 308 家。支持企业发行债务融资工具 5680 亿元，同比增长 30.1%。全省保费收入和保险赔付支出同比分别增长 6.8% 和 12.2%。

二是融资结构持续优化，精准对接实体经济需求。全省企（事）业单位贷款增长 14.4%，高出各项贷款增速 2.7 个百分点。金融支持重点领域和薄弱环节发展取得积极成效，制造业、涉农、科创、普惠和绿色贷款余额同比增速分别高出各项贷款增速 0.6 个、1.8 个、2.3 个、15.3 个和 34.1 个百分点。累计使用支农支小再贷款、再贴现、碳减排支持工具、支

持煤炭清洁高效利用专项再贷款等结构性货币政策工具 3361 亿元，兑付普惠小微贷款支持工具激励资金 23 亿元。

三是 LPR 改革效能持续释放，助力实体经济减负降压。深入落实 LPR 改革各项要求，推动贷款利率稳步下降，全年新发放各项贷款、企业贷款加权平均利率分别为 4.03%、4.17%，比上年分别下降 0.26 个、0.20 个百分点，处于历史低位。

四是区域金融改革纵深推进，创新发展取得显著成效。青岛市财富管理金融综合改革试验区积极推进人民币跨境使用，创新推动境内运费支付便利化试点和数字人民币试点。临沂市普惠金融服务乡村振兴改革试验区实现资源下沉、信息整合、模式创新三个突破，2023 年新增贷款中涉农贷款占比为 62.1%，高于批复前 27.5 个百分点。济南市科创金融改革试验区建设高质量推进，济南市科创企业贷款同比增长 40.6%，贷款加权平均利率同比下降 0.37 个百分点。

五是金融生态环境建设扎实推进，金融服务水平不断提升。征信体系建设深入推进，服务实体经济能力增强。支付系统安全稳定运行，支付管理服务持续强化。金融消费者权益得到有效维护，金融多元纠纷化解工作成效显著。

六是金融风险防控稳妥推进，机构盈利能力明显改善。资产质量持续改善，银行业机构不良贷款率比上年下降 0.12 个百分点，连续五年下降。5 家地方法人银行发行永续债、二级资本债补充资本金 95 亿元，经营稳健性进一步提升。

二、强化金融监管，牢守金融安全底线

一是强化股东管理，构建全面风险防控体系。2023 年 10 月 20 日实施的《关于加强地方金融组织股东管理的意见》（简称《意见》）明确要求加强股东穿透审查，规范股东行为，防止利益输送和风险转移。通过建立健全防火墙制度，实现金融板块与其他业务板块的有效隔离，有助于防范实体企业与地方金融组织之间的风险传递，提升整体风险管控能力。

二是规范关联交易，防范监管套利行为。《意见》要求控股股东建立

关联交易管理制度，严格控制不当关联交易，防止通过多层嵌套等手段隐匿关联交易和资金真实去向。这一要求有利于遏制监管套利行为，维护地方金融组织的稳健经营，保护投资者和债权人利益。

三是完善公司治理，提升经营管理水平。《意见》强调规范地方金融组织董事、监事和高级管理人员兼职行为，要求总经理和财务负责人相对独立。同时，通过加强信息披露和外部监督，发挥中介机构对公司治理的促进作用，有助于提升地方金融组织的整体治理水平和经营管理能力。

四是创新监管方式，提高监管效能。2024 年 7 月 5 日实施的《山东省地方金融组织现场检查办法》（简称《办法》）引入了线上检查、函询稽核等新型检查方法，并要求地方金融组织加强数据治理，完善检查分析系统。这些创新举措有利于提高监管的精准性和效率，实现对地方金融组织的全面、持续、有效监管。

五是强化协同监管，形成监管合力。《办法》明确了省、市、县三级地方金融管理机构的职责分工，建立了现场检查工作评价机制和问责免责机制。通过加强各级监管部门的协作配合，以及与其他相关部门的信息共享，构建了多层次、全方位的协同监管体系，有效提升了整体监管效能。

六是完善处置机制，守住风险底线。两份文件都强调了风险处置的重要性，要求地方金融组织股东在风险发生时积极配合处置工作。同时，《办法》建立了现场检查结果与监管评级、风险评价的联动机制，为及时发现和处置风险隐患提供了制度保障，有助于筑牢山东金融安全网，维护地方金融稳定。

三、探索防范化解金融风险新范式，创新发展金融安全体系

一是打造“金安工程”，构建金融风险预警防范体系。为打好防范化解重大金融风险攻坚战，山东省地方金融监管局牵头打造了“金安工程”，打造全省地方金融监管数字底座，采用数字化智能化手段，加强金融风险监测预警，有效发挥了“预警器”“防火墙”作用。近年来，“金安工程”深入推进，高度关注风险较高企业、地方法人金融机构、非法集资等动态。仅 2023 年上半年，“金安工程”研判重点风险信息 300 余条，处置风

险 70 余件次，在防范化解金融风险方面发挥了重要作用。

二是成立“金融安全联合创新实验室”，整合多方资源保障金融安全。“金融安全联合创新实验室”依托国家级相关技术优势和资源优势，融合高校科研能力和专业公司技术服务能力，以建好用好“金安工程”为着力点，围绕金融风险防控、金融监管科技、金融运行监测等开展政策研究、技术攻关和实践应用，增强金融领域科技创新能力，努力打造金融安全产学研用一体化技术高地，为维护山东省金融安全、推动强省建设提供技术支撑和智力支持。

四、以高质量党建引领高质量金融发展，构筑高水平金融安全

山东省地方金融监管局充分发挥全面从严治党的政治引领和政治保障作用，积极探索创新，以系统思维推动党建与业务工作同频共振、深融互促，打造“党建 + 金融”党建品牌，创建“1 + 4 + N”党建工作体系，以高质量党建引领地方金融高质量发展，切实让党建引领“实起来”。

一是坚持党建引领为首位，加强政治机关建设。坚持用党的创新理论凝心铸魂，丰富学习方式和载体，在深化、内化、转化上聚力用功，着力在学懂弄通做实上下功夫。举办全省地方金融监管局系统青年分享交流会，采用“打擂台”形式，组织省市金融局青年干部立足岗位谈个人体会、讲工作感悟、提意见建议，集思广益，推动工作。加强政治建设，树牢“抓好党建是最大政绩”的理念，把党建贯穿到全局工作的各方面全过程。创新模范机关建设的工作机制、活动载体，努力打造体现金融特色的模范机关品牌，获得省直机关创建模范机关先进集体称号。狠抓基层组织建设，强化党支部政治功能和组织功能，推进党支部标准化规范化建设全面提升。积极发挥群团组织作用，搭建文明创建载体，开展丰富多彩的各类活动，切实增强干部职工的凝聚力、向心力和战斗力。

二是建立四项机制，探索党建工作新模式。建立青年突击队攻坚机制，激励青年党员“揭榜挂帅”。建立重大攻坚任务青年突击队人才储备库，聚焦地方金融重大攻坚任务，成立青年突击队，围绕中心服务大局，聚力完成地方金融改革发展稳定重大任务。建立党建与业务联学联建工作

机制，推动省市同题共答。山东省地方金融监管局党组成员分片负责，建立共建联系点，围绕重大攻坚任务，开展党建与业务联学联建，深入调查研究，科学分析决策，解决难点问题，推动党建与业务工作深融互促。建立“寻标对标　争创一流”机制，促进全面对标提升。山东省地方金融监管局各党支部围绕“献良策、解难题、建新功、创一流”目标，开展“党建引领发展对标争创一流”行动，引导全局党员干部树牢争先意识、标杆意识，营造“事争一流、唯旗是夺”的干事创业浓厚氛围。建立协同对接机制，打好“金融+”组合拳。

三是坚持“党建+N”促业务，推进重点任务落实。坚持政治引领为业务工作把舵定向，以党建引领推进重点任务落实。坚持“党建+服务”，提升金融服务质量。全力保证金融供给扩量调优，金融服务实体经济取得新成效。坚持“党建+改革”，推动添活力增动力。全面展开地方金融对标提升，加强工作督导和动态跟踪。坚持“党建+稳定”，守牢金融安全底线。山东省地方金融监管局党组成员有效利用省市党建与业务联学联建机制，常态化赴各市开展联学联建活动，指导重点风险企业所在市“一企一策”制定完善处置方案，有序化解重点企业风险。稳妥处置资本市场风险，严厉打击规避退市行为，强化公司债券违约风险排查，深入推进私募基金分类整治，开展多个专项排查。有效遏制非法集资，推进防范和处置非法集资全链条治理，在全省推广“泉城阿姨”、青岛“星火”、威海“金融汇”等志愿品牌。探索建立金融安全数字实验室。在平安中国建设考核中，山东省防范和处置非法集资工作连续3年位列一档、得分满分。深入推进“金安工程”，探索建立地方金融治理云平台，与相关部门开展数据合作，打造全省地方金融监管数字底座，努力构建全省金融风险全景视图。

第七节　浙江省金融安全发展特征

浙江省的金融安全发展特征突出表现在稳健的金融运行和多领域的高质量发展上。2023 年，浙江省实施了多项措施以支持实体经济，包括提高社会融资规模，增加贷款投放，以及实现贷款利率的历史新低。同时，浙江金融系统注重风险预防和金融改革，加强了对小微企业、科技创新和绿色金融的支持。此外，通过推动数字支付和金融服务的创新，浙江省也加强了区域金融改革，深化了金融服务的现代化和国际化。

一、浙江金融业稳健发展，八方面亮点凸显金融服务实体经济效能

浙江省银行业、证券业和保险业稳健发展，扎实推进科技金融、绿色金融、普惠金融、养老金融和数字金融五篇大文章工作，金融服务实体经济效率和水平不断提升。综合人民银行发布的《浙江省金融运行报告(2024)》看，主要呈现以下几个特征：

一是社会融资规模和贷款增量创历史新高。2023 年末，浙江省社会融资规模余额突破 30 万亿元，全年新增 3.7 万亿元。本外币各项贷款余额突破 20 万亿元，全年新增 2.7 万亿元。

二是结构性货币政策工具实施成效显著。推动各项结构性货币政策工具在浙江精准高效落地，普惠小微贷款支持工具、设备更新改造专项再贷款、科技创新再贷款、支小再贷款等业务规模均保持全国前列。

三是重点领域金融支持精准有力。开展“共富浙江”金融服务深化年活动，信贷投向持续优化，2023 年末，浙江省普惠小微贷款、制造业中长

期贷款、科技服务业贷款、涉农贷款余额同比分别增长 23.6%、32.6%、25.4%、18.3%，均明显高于各项贷款增速。

四是贷款利率降至历史低位。发挥贷款市场报价利率（LPR）改革效能和存款利率市场化调整机制作用，2023 年浙江省企业贷款加权平均利率为 4.02%，同比下降 0.34 个百分点。

五是银行业金融机构稳健经营。2023 年末，浙江省银行业金融机构本外币资产总额同比增长 14.5%，负债总额同比增长 14.6%。银行业金融机构不良贷款率保持低位，不良贷款率为 0.62%，与 2023 年初基本持平。

六是证券业和保险业平稳发展。证券机构体系不断完善，证券市场融资稳步推进；保险业运行总体平稳，保费增速有所回升，行业改革持续推进。

七是区域金融改革持续深化。浙江省杭州市、嘉兴市科创金融改革稳步实施，宁波市普惠金融改革、丽水市普惠金融服务乡村振兴改革推向深入。

八是社会信用体系和支付体系建设趋向完善。社会信用体系建设推向深入，金融信用信息基础数据库服务水平有效提升，征信和评级市场产品服务供给不断丰富，地方信用体系和信用环境建设持续深化。支付服务优化提升，“数字支付之省”建设加快实施，2023 年末移动支付普及率达 97%，杭州亚运会金融服务保障任务圆满完成。

二、全方位加强金融安全基础，深入推动中国式现代化金融建设的浙江实践

一是坚持党管金融的原则，以实际行动捍卫“两个确立”。将“党管金融”原则具体化、制度化，积极融入浙江共同富裕和省域现代化先行建设。

二是统筹发展和安全，持之以恒防范化解金融风险。将金融安全纳入国家安全保障体系建设，发扬斗争精神，围绕金融风险和问题做好工作，推动风险防范处置路径和工具的探索创新，统筹发展与安全，完善风险监测预警机制，坚持市场化、法治化原则化解风险。党的十八大以来，浙江

银保监局率先探索形成可复制的联合授信、会商帮扶、化圈解链、改革化险等成功经验。

三是坚守金融天职宗旨，更好地服务实体经济。深化金融体制改革，推进金融领域数字化改革，以数字化推动机制和模式创新，打造标志性金融品牌，精准破解融资难题。党的十八大以来，浙江以新发展理念引领金融服务实体质效不断提升，小微、民营、涉农、制造业等贷款余额持续保持在全国前列。

四是坚持创新驱动、变革重塑，持续深化金融改革创新。深化金融体制改革，推进金融领域数字化改革，以数字化推动机制和模式创新，打造标志性金融品牌，精准破解融资难题。党的十八大以来，浙江银行业保险业改革创新工作取得了一系列成绩，落地全国省级农信联社改革“第一单”，全国率先建成省级金融综合服务平台，交易量遥遥领先全国同类平台。

五是借力数字化“东风”，推动浙江银行业保险业深入改革创新。一方面，全力推进金融领域数字化改革，有效利用区块链、大数据等新技术，实现理念革新、制度重塑、流程重构，助推金融治理体系和治理能力现代化。另一方面，浙江已初步打造出享誉全国的绿色金融、科技金融、小微金融等标志性金融品牌，要继续坚持问题导向，深挖实体经济真实需求，以数字化改革推动机制和模式创新，精准破解融资难题。

六是坚定不移推动全面从严治党，以自我改革的勇气和优良作风推进高质量监管事业。将清廉金融文化建设作为重要内容和载体，增强监管工作的前瞻性、精准性和有效性，提高金融治理水平，完善监管协同机制，加强监督，构建清廉金融文化培育格局，提升监管穿透能力。

三、不断完善金融风险防控，夯实金融安全底线

浙江省根据金融发展实际需要，积极制订促进地方金融发展的地方性政策法规，在已有稳步发展的基础上，积极探索差异化信贷政策、小微企业有效扶持政策、激发创业创新活力切实可行的减税免税政策等，不断为浙江防控金融风险和资产泡沫、确保金融安全与稳定装上牢靠保险栓，为

浙江经济的高水平发展与现代化腾飞插上强劲翅膀。

八个方面全面切实防范金融安全风险：一是增强历史方位感，立足浙江发展的新历史方位制定防控金融风险方略；二是深刻认识急迫性，用变化发展的眼光做好防风险工作；三是熟知风险隐患点，重点关注信用风险、产能过剩风险、房市风险、操作风险；四是打好防控提前量，在思想、行动、技术、人才方面做好准备；五是规范金融创新线，促进金融业健康发展；六是巩固实体基础面，推动金融业与实体经济融合；七是加强综合监管度，建立综合性监管框架；八是优化政策组合拳，制定出台务实管用的政策。

三个方面夯实金融安全底线：一是健全金融风险防控机制。落实金融安全战略，推动所有金融活动依法依规纳入监管。加大金融领域反垄断和反不当竞争监管力度，防止资本无序扩张，实现事前事中事后全链条监管，坚决维护金融市场公平竞争。完善金融业综合统计体系及风险预警体系。依托中小法人银行流动性实时监测系统，加强流动性风险管理。进一步健全金融创新监管协调体系，确保风险防控能力与金融改革创新相适应。二是金融助力社会治理。坚决防范和打击非法集资等各类非法金融活动。严格银行账户分类分级管理，加大存量账户风险清理，推动开户、交易环节强化身份核验和身份认证。会同公安机关探索依法建立潜在受害人银行账户保护性止付机制。三是加强金融消费权益保护。加强金融管理、行业组织等协作，加强金融纠纷多元化解机制建设，畅通金融消费者投诉受理渠道，强化数据安全和个人信息保护。加强宣传引导，注重普及金融知识，引导投资者树立正确理性观念，提高防范风险能力，维护人民群众财产安全。

综合截至 2024 年 8 月中旬公开可查的各类权威报道和相关信息看，浙江省高度重视金融安全相关工作，在政策制定、监管执行以及风险防控等多个层面，都充分显示了浙江省在维护金融稳定方面的坚定决心和实际行动。同时，浙江金融服务实体经济的质效不断提升，通过优化信贷结构、降低企业融资成本等措施，浙江金融系统为实体经济提供了有力支撑，推动了经济的高质量发展。并且，浙江在金融风险防控方面表现出较强的能力，面对复杂的经济金融形势，浙江金融系统能够及时发现和有效化解各类金融风险，确保金融市场的平稳运行，这得益于其完善的金融监管体系和风险预警机制。

此外，浙江金融改革创新持续深化，不断探索和实践具有地方特色的金融改革，形成了一系列重要的改革成果，不仅提升了浙江金融业的竞争力，也为全国金融改革提供了有益借鉴。同时，浙江致力于构建良好的金融生态环境，通过加强社会信用体系建设、完善金融基础设施、推动金融法治化进程等措施，为金融业的健康发展提供了有力保障。

第八节　四川省金融安全发展特征

近年来，四川省不断健全风险防控长效机制，加强风险监测、预警和处置，积极协同各方形成风险处置合力，推动金融风险化解取得积极成效。《四川省金融运行报告（2024）》显示，截至2023年末，全省银行业金融机构不良贷款率较年初下降0.09个百分点，中小法人机构不良贷款率较年初下降0.22个百分点，拨备和流动性水平持续改善，拨备覆盖率、流动性比率较年初分别上升17.60个、1.56个百分点，风险抵御能力整体增强。

一、金融服务高质量发展质效不断提升，金融风险化解取得积极成效

四川省金融运行总体稳健。2023年，四川省金融业认真贯彻落实稳健的货币政策，金融运行总体平稳，货币信贷和社会融资规模合理增长，融资结构持续优化，融资利率稳中有降，多层次资本市场稳步发展，防范化解金融风险取得积极成效，区域金融改革不断深化，为推动全省经济企稳回升提供了强有力的金融支撑。综合人民银行发布的《四川省金融运行报告（2024）》看，四川省经济运行主要呈现以下几个特征：

一是金融业稳健运行。银行业资产和负债总额稳步提升，同比分别增长11.8%和11.9%，增速均高于全国平均水平；多层次资本市场融资功能有效发挥，全年直接融资同比增长29.0%；保险业对社会民生服务保障持续加强，农业保险赔款“一卡通”在国内率先全面实行。

二是融资总量稳定增长。全省本外币各项贷款余额同比增长14.5%，

全年新增 1.3 万亿元，连续 8 年保持同比多增。非金融企业在银行间市场发行债券融资规模居中西部地区第 2 位。

三是信贷结构持续优化。金融支持重大战略、重点领域有力有效，围绕四川纳入国家重大工程的投资规划、700 个省重点项目、川渝合作共建 248 个重大项目加强融资保障，全省基建类贷款余额同比增长 19.0%；政策性开发性金融工具配套融资支持顺利推进；深入实施制造业贷款倍增行动、绿色金融专项行动、科创金融服务“星辰计划”，制造业中长期贷款增速连续 39 个月高于 20%，绿色贷款、科创贷款同比分别增长 39.7% 和 17.8%；出台“金融支持建设新时代更高水平‘天府粮仓’16 条”，开展乡村振兴“送码入户、‘码’上贷款”信贷直通专项活动，涉农贷款同比增长 18.0%，创近年新高。金融支持薄弱环节效果明显，创新开展民营企业融资难题破解行动，建立“民企首贷通”融资对接平台，全省民营经济和普惠小微贷款余额同比分别增长 13.1% 和 25.9%。

四是融资成本稳中有降。持续释放贷款市场报价利率（LPR）改革效能，引导贷款利率整体下行，2023 年全省人民币一般贷款加权平均利率同比下降 0.21 个百分点。落实存量首套住房贷款利率下调政策，为居民节约房贷利息支出。

五是金融改革稳步推进。金融服务成渝地区双城经济圈建设纵深推进，成渝两地法人银行二三类账户互联互通等同城化金融服务相继落地，2023 年末成渝地区双城经济圈存贷款余额突破 31 万亿元。金融科技赋能乡村振兴示范工程持续推进，推动 29 个示范项目全省市州全覆盖。外汇收支便利化和跨境金融服务“面扩量增”，全省优质企业外汇收支便利化参与银行、企业数较年初分别增长 41.7% 和 92.1%，跨境人民币收付额和结算企业数再创历史新高。数字人民币试点全面深入推进。

六是金融风险总体可控。不断健全风险防控长效机制，金融风险化解取得积极成效。2023 年末，全省银行业金融机构不良贷款率较年初下降 0.09 个百分点。

二、积极汇集金融资源，探索应对中小银行风险新范式

成立四川银行，是四川省省委、省政府培育四川金融产业、完善金融体系的重要一步。四川省设立四川银行，通过发挥省级法人银行资本、机制等优势，搭建金融风险化解平台，统筹推动全省地方法人银行风险防范化解工作，不仅成功化解了本地的金融风险，而且为全国化解金融风险探索了新路。

四川银行在组建过程中，严格遵守法律法规和监管规定，按照法定程序，依法办事、合规操作；成立后，将着力构建一个科学高效的治理结构，同时将严格遵循行业主管部门要求，确保四川银行能按照相关市场规则依法合规经营，发展壮大。

政府主导、市场运作和化解风险是四川银行组建过程中最主要的三个特点。四川银行是国有控股企业，由省政府主导跨区域重组，协调攀枝花和凉山地方政府履行属地责任，共同推进组建工作；市场运作方面，选择天府新区作为注册地，通过路演引进战略投资人，均按照市场化原则进行；四川银行“未向中央要一分钱”，是以改革化解风险。

三、推动落实“三个聚焦”，优化金融安全生态

四川省认真学习贯彻党的二十届三中全会精神，四川省委金融委员会办公室提出“三个聚焦”，优化金融安全生态。

一是聚焦深化金融供给侧结构性改革，做好金融“五篇大文章”，逐步提高制造业贷款占比，引导更多科技型企业上市和发债融资，推动小微、民营企业贷款增量扩面，加快推进成都市普惠金融服务乡村振兴改革试验区建设，积极申建国家级科创金融、绿色金融改革试验区，为发展新质生产力等提供有力金融保障。

二是聚焦完善金融机构和金融市场体系，加快推进西部金融中心建设，加大机构招引和牌照申请力度，做优做强地方法人机构，持续扩大金融开放水平，争取成渝其中一地获得的金融改革创新举措和支持政策在另一地同等适用，深入实施企业上市行动计划，疏通资金进入实体经济

渠道。

三是聚焦优化金融生态和营造良好发展环境，坚持统筹好发展和安全，坚持系统观念，强化地方金融组织监管，落实好防范化解房地产、地方政府债务、中小金融机构等重点领域风险的各项举措，严厉打击各类非法金融活动，坚决守住不发生区域性系统性风险底线。

四、加强地方性金融监管，完善国有金融资本管理

为完善国有金融资本管理，四川省人民政府办公厅 2022 年 3 月 3 日印发《四川省国有金融资本出资人职责实施办法》（简称《办法》）。《办法》构建了一个全面、系统、有效的国有金融资本管理框架，为加强地方金融监管、防范金融风险提供了有力支撑，有助于推动四川省金融体系的稳健运行和高质量发展。

一是完善管理体系，强化国有金融资本统一管理。《办法》明确了财政部门作为国有金融资本出资人代表机构的主要职责，建立了国有金融资本基础管理体系。通过规范产权登记、股权管理和资本穿透管理等措施，实现了对国有金融资本的全面掌控，有利于防范国有资产流失风险，提高资本运营效率。

二是优化资本布局，促进金融服务实体经济。《办法》要求统筹优化国有金融资本战略布局，推动资本向重要金融行业和关键领域集中。通过建立资本补充和动态调整机制，引导金融机构更好地服务实体经济，有助于防范金融体系脱实向虚风险，增强金融体系稳定性。

三是强化公司治理，提升金融机构经营管理水平。《办法》规定了出资人机构参与金融机构重大事项决策的程序，完善了金融机构管理者选择与考核机制。通过加强对董事、监事履职情况的监督评价，健全市场化薪酬分配制度，有利于提高金融机构公司治理水平，降低经营管理风险。

四是健全监督机制，构建多元协同监管格局。《办法》推动建立国有金融资本出资人监督、金融机构内部监督与外部监管等多方面协同配合的监督机制。通过建立协作机制，形成监督合力，有助于及时发现和化解金融风险，提高监管效能。

五是严格责任追究，强化风险防控意识。《办法》建立了违法违规经营责任追究制度，明确了对金融机构管理者和出资人机构相关人员的责任追究措施。通过完善责任倒查和追究机制，提高了违法违规成本，有利于增强金融机构和监管部门的风险防控意识，促进审慎经营和有效监管。

第九节　河南省金融安全发展特征

近年来，河南省坚持底线思维，增强系统观念，积极提升风险抵御能力和风险化解能力保障金融业稳定发展。

一、金融业总体运行稳健，服务实体经济质效不断提升

2023 年，河南省金融系统认真贯彻落实稳健的货币政策，发挥货币政策工具总量和结构双重功能，保持信贷规模和社会融资规模合理增长，持续加大对重大战略、重点领域和薄弱环节的信贷支持力度，服务实体经济高质量发展能力进一步增强。综合人民银行发布的《河南省金融运行报告（2024）》看，河南省金融运行主要呈现以下特点：

一是货币信贷总量和社会融资规模保持合理增长。2023 年末，银行业资产和负债总额分别为 12.6 万亿元、12.1 万亿元；本外币各项贷款余额 8.4 万亿元，同比增长 9.5%，较上年提高 1.6 个百分点，较年初增加 7236 亿元，同比多增 1669 亿元。社会融资规模增量 1.1 万亿元，其中表内贷款和非金融企业直接融资分别增加 7276 亿元、1889 亿元。

二是货币政策工具引导作用持续发挥，重大战略、重点领域和薄弱环节金融支持不断增强。发放再贷款再贴现 1309 亿元，同比增加 354 亿元，年末普惠小微贷款余额、民营企业贷款余额同比分别增长 21.6%、10.0%，高新技术企业、科技型中小企业贷款余额同比分别增长 17.3%、21.0%，绿色贷款余额近三年规模实现“翻一番”。

三是贷款利率稳中有降。2023 年 12 月，全省一般贷款加权平均利率同比下降 0.44 个百分点，新发放企业贷款加权平均利率同比下降 0.35 个

百分点。

四是证券期货和保险业运行稳健，支持经济社会发展能力增强。全省3家法人证券期货机构资产总额同比增长5.5%。郑州商品交易所期货交易规模大幅提高，累计成交金额和累计成交量同比分别增长32.5%、36.1%。年末全省保险公司资产总额同比增长7.5%，风险保障水平不断提高。

五是金融生态环境建设持续推进，金融服务水平进一步提升。社会信用体系建设深入推进，2023年末，共有197家机构接入征信系统，征信系统覆盖面持续提升；深入推进农村信用体系建设，共为1924.5万户农户、46.4万户新型农业经营主体建立信用档案，助力各类农业经营主体融资发展。支付清算系统保持安全稳定运行，涉诈涉赌“资金链”治理向纵深推进；持续推动优化账户服务，支付普惠进程进一步加快。金融消费权益保护稳步推进，持续打造“12363”暖心热线，全年共接收消费者咨询9.7万起、受理投诉1.2万起，有效维护金融消费者合法权益。扎实开展金融宣传教育活动，切实提高消费者金融知识水平。

二、强化金融法治建设，多管齐下保障金融安全

2023年河南省地方金融监督管理局加强法治政府建设，取得五方面成效。

一是落实法治建设第一责任人职责，依法履行地方金融监管职能。第一，加强组织领导。印发了《领导干部学法计划》《普法依法治理工作要点》，对省地方金融工作系统学法普法宣传工作进行部署。将习近平法治思想作为重点学习内容纳入局党组理论学习中心组年度学习计划和季度学习安排。坚持领导干部每季度集中学法一次。发放普法书籍，开展专题讲座，利用微信公众号等多种宣传形式，营造学习贯彻习近平法治思想的浓厚氛围。第二，认真履行法治建设第一责任人职责。局主要负责人每半年听取法治建设工作汇报，研究部署法治政府建设工作。印发《法治政府建设工作要点》，对法治政府建设年度工作进行安排部署。严格落实法治政府建设年度报告制度，按时向省委、省政府报告上一年度法治政府建设情

况，并向社会公开。第三，提升政务服务能力和水平。印发《关于调整地方金融组织申请材料受理方式的通知》，实行“审管分离”工作模式。以信用承诺代替证明材料提供，取消住所租赁协议、资金来源证明材料等内容。及时将“双公示”信息推送到省信用信息共享平台、国家企业信用信息公示系统，实现信息公示“全覆盖、无遗漏”。指导地市金融工作局开展地方金融组织现场检查工作，按照“双随机、一公开”相关要求，在监管检查中探索联合监管，健全部门协同。

二是规范重大行政决策法定程序，严格行政执法行为。第一，加强立法工作。向省人大财经委就立法进展情况进行专题汇报。制定调研方案，梳理现行有效的相关法规及规范性文件，对《河南省地方金融条例》进行修改完善。第二，落实重大行政决策法定程序。强化决策法定程序刚性约束，重大行政处罚、行政许可等重大行政决策必须经过法制审核。第三，严格执行法制审核制度。第四，推进法律顾问、公职律师工作。第五，严格行政规范性文件管理。第六，加强公平竞争审查工作。

三是提升执法水平，筑牢地方金融发展法治底线。第一，加强执法能力建设。组织执法人员开展服务型行政执法比武练兵活动。开展学习习近平法治思想暨强化行政执法能力专题培训班，开展《行政处罚法》专题讲座，提升执法人员法治思维和执法能力。第二，完善行政执法程序。全面严格执行“三项制度”。加强行政执法人员资格管理，38名行政执法人员均通过培训考试取得执法资格。开展执法案卷评查，提高执法案卷、文书规范化水平。全面落实行政裁量权基准制度，细化量化行政执法行为的裁量范围、幅度等并对外公布。

四是依法化解纠纷，充分保障人民群众权利利益。第一，做好行政复议、行政诉讼工作。2023年涉及行政复议案件共5件，目前已审结1件，其余案件均在复议审理中。行政应诉案件1件，目前法院暂未开庭。第二，规范处理群众来信来访。建立信访工作台账，做到来件有登记，办结有销号。第三，完善依法行政监督机制。加强机关内部监督，开展网上监督、大数据监督，防止权力滥用。

五是加大普法宣传，牢固树立法治思维理念。第一，加强法治教育。

做好在线学法用法考试工作，组织全体干部职工开展宪法、民法典等法律专题竞赛，参考率和及格率100%。第二，开展专项普法活动。开展国家安全教育日、民法典宣传月、宪法宣传周等多种形式的专题普法。第三，认真落实普法责任。开展防范非法集资百日宣传活动，全省开展“七进”等宣传活动1.78万场次，69.8万人次参与活动。

三、加强绿色金融风险防控，推动地方低碳转型战略安全发展

一是研制绿色项目贷款环境与社会风险管理标准。在人民银行总行指导下，人民银行河南省分行牵头会同工商银行总行、建设银行总行、兴业银行总行、生态环境部对外合作与交流中心等标准编制起草单位，研制《商业银行绿色项目贷款的环境与社会风险管理指南》，2023年8月获全国金融标准化技术委员会正式立项，将为规范绿色金融业务、促进绿色金融实现商业可持续提供指引。

二是试点开展气候敏感性压力测试，探索评估气候风险冲击对金融机构的影响。人民银行河南省分行选取4个高碳行业较多的地市作为试点城市，测试气候转型风险对高碳行业企业财务状况的影响，进而对银行机构信贷资产质量和资本充足水平的影响程度，为有效防范和应对气候变化相关金融风险提供前瞻性参考。

三是加强监测评估，更好发挥对金融机构的激励引导作用。人民银行河南省分行按季度对全省230余家法人金融机构发放绿色贷款、投资绿色债券、管理绿色资产风险等情况开展评价，将评估结果应用于央行金融机构评级。选择18家省级银行机构和南阳市、信阳市开展首次绿色金融综合评价试点，引导金融机构健全完善绿色金融内部考核机制，提升专业服务能力。

第十节　安徽省金融安全发展特征

安徽省金融系统紧紧围绕服务经济社会高质量发展目标，认真贯彻稳健货币政策精准有力的要求，统筹把握总量与结构、数量与价格、内部与外部均衡，有效支持了实体经济发展。截至2023年末，本外币各项贷款余额7.8万亿元，同比增长15.6%，重点领域和薄弱环节支持力度持续加大，综合融资成本稳中有降，多层次金融市场发展实现新突破。

一、金融支持实体经济力度稳固，金融服务质效持续提升

根据《安徽省金融运行报告（2024）》，安徽省金融安全发展呈现出以下七个特征。**一是社会融资规模和信贷总量合理增长，债券融资亮点纷呈。**全年社会融资规模增量1.4万亿元。其中，投向实体经济的本外币贷款增量1.0万亿元，占社会融资规模增量的75.3%。全年发行非金融企业债务融资工具1698亿元，累计发行科创类票据65亿元，全省首单民企支持工具乡村振兴票据、乡村振兴+权益出资票据、县域平台乡村振兴定向工具等相继落地。

二是创新货币政策工具应用场景，精准助力信贷结构调整。全年累计发放再贷款再贴现1853亿元，同比增长13.5%。全年通过普惠小微贷款支持工具向地方法人金融机构累计提供激励资金26亿元，直接撬动普惠小微贷款新增1704亿元。强化重点领域金融服务质效，通过碳减排支持工具发放贷款366亿元，通过支持煤炭清洁高效利用专项再贷款发放贷款146亿元；3家新增地方法人金融机构获得1.6亿元碳减排支持工具低成本资金支持。推进货币政策工具场景化运用，推出“再贷款+新型农业经营主

体”等再贷款定向直投模式；单列“皖美伴飞”共同成长计划再贷款再贴现专项额度，促进央行政策红利精准直达经营主体。全年普惠小微贷款、涉农贷款、制造业贷款余额同比分别增长 27.0%、19.4%、27.6%，分别高于本外币各项贷款增速 11.4 个、3.8 个、12.0 个百分点。

三是贷款市场报价利率（LPR）改革红利持续释放，企业综合融资成本稳中有降。引导金融机构将 LPR 纳入内部转移定价，建立差异化、精细化利率定价体系，提升贷款定价与 LPR 的联动性。有效发挥存款利率市场化调整机制作用，推动实际贷款利率稳中有降。2023 年 12 月，安徽省新发放企业贷款加权平均利率 3.89%，同比下降 0.07 个百分点。

四是金融市场体系不断完善，资产规模稳健增长。省内银行业金融机构资产总额同比增长 12.4%。证券、期货机构整体实力和经营水平不断提升，保险业平稳运行，全年实现原保险保费收入 1495 亿元，同比增长 5.4%，保障能力进一步加强。

五是金融改革创新持续深化，区域金融发展有序推进。推出金融支持科创企业“共同成长计划”，为初创期、成长期科创企业提供成本更低、期限更长、额度更高的融资支持，全年累计为 7972 户企业发放贷款 878 亿元。完善科创金融风险保障体系，设立 2 亿元科技企业贷款风险补偿资金池。2023 年末，科技企业贷款余额同比增长 53.5%。

六是金融生态环境持续优化，金融基础设施服务提质增效。强化数字技术在安徽省金融服务平台中的应用，建立“政策服务、金融服务、征信服务”一体的协同支撑体系。稳步推进支付环境建设，推动支付服务开放、安全、高效、便捷、普惠发展。持续推进金融纠纷多元化解机制建设，广泛开展金融知识宣传教育，金融消费者权益得到有效保障。

七是金融风险防范化解能力不断提升。持续加强金融风险监测评估，建立并落实中小银行分类分段管理框架，密切关注中小银行风险边际变化，进一步增强防范化解区域性金融风险能力。

二、坚持把金融服务实体经济作为根本宗旨，着力做好金融五篇大文章

2024 年 4 月 10 日，安徽省地方金融管理局网站刊发了《安徽金融发展指标为何频频居于前列?》一文①，对安徽省金融的高质量发展进行了报道。近年来，安徽坚持把金融服务实体经济作为根本宗旨，着力做好科技金融、绿色金融、普惠金融、养老金融、数字金融五篇大文章，推动全省金融高质量发展，为打造“三地一区”②、建设“七个强省”③ 提供有力金融支撑。该文章梳理了安徽省金融安全高质量发展三个方面的原因，同时也能够正面反映出安徽省金融安全发展的特征。

一是稳健扎实，为发展提供有力支撑。2023 年以来，安徽金融业发展突出。在信贷方面，人民银行安徽省分行的数据显示，截至 2024 年 2 月末，全省人民币各项贷款余额 80882. 72 亿元，同比增长 14. 54%，增速连续 15 个月位居全国第 1。此外，直接融资渠道也在不断畅通，2023 年安徽全省新增债券融资 1500 余亿元，增长近 40%，累计发行科创债 178 亿元，居全国第 7。在直接融资方面，截至 2023 年底，安徽境内上市公司 175 家，在全国排第 7 位；科创板上市公司 24 家，居全国第 6 位，创安徽资本市场建设 30 多年来最好成绩。在金融服务实体经济方面，安徽省积极采取多种措施，更多的金融“活水”流向实体经济，在支持国民经济发展的重点领域和薄弱环节中发挥着重要作用。截至 2024 年 2 月末，全省制造业中长期贷款余额同比增长 43. 77%，高于各项贷款增速 29. 23 个百分点，涉农贷款、基础设施领域贷款的增速均高于同期各项贷款增速。此外，在价格上，安徽省积极推动贷款市场报价利率改革，为企业和居民持续“减

① 原文刊载于《安徽日报》2024 年 4 月 3 日第 1 版，原文名称为《以高质量金融服务助推高质量发展》，作者何珂。安徽省地方金融管理局网站转发，将文章名称改为了《安徽金融发展指标为何频频居于前列?》

② “三地一区”是指科技创新策源地、新兴产业聚集地、改革开放新高地、经济社会发展全面绿色转型区。

③ “七个强省”是指自立自强的科技强省、智能绿色的制造强省、高质高效的农业强省、山水秀美的生态强省、英才荟萃的人才强省、人民满意的教育强省、繁荣兴盛的文化强省。

负”。企业贷款利率下降至历史较低水平，促进更多信贷资源配置到小微、民营领域。截至2024年2月，全省新发放企业贷款加权平均利率3.79%，同比下降0.12个百分点。同时，针对企业信用不足问题，安徽重塑担保体系，开展政府性融资担保机构追偿挽损和提标升级专项行动，提升担保增信功能，全省融资担保在保余额全国第二。

二是优化结构，持续做好“五篇大文章”。安徽省金融业以科技金融、绿色金融、普惠金融、养老金融和数字金融作为发展重点，支持全省的高质量发展。探索形成专营化组织机构体系、全生命周期金融产品体系、全链条多元服务体系，安徽推动着“科技—产业—金融”在高质量发展中良性互动循环。在科技金融方面，2023年，全省超过1/5新增贷款投向科技型企业，贷款余额接近6000亿元；战略性新兴产业贷款全年增幅48%，总规模突破6800亿元，牵引带动战略性新兴产业产值占规上工业的比重提升到42.9%，居全国前列；科技保险共为1.9万户科技型企业提供保险保障1.2万亿元。在普惠金融方面，针对小微企业贷款风险较高问题，安徽建立省普惠型小微企业贷款风险补偿引导资金和省科技企业贷款风险补偿资金池；针对信息不对称问题，开展线上线下银企对接，实施数字化金融“五进”活动。在绿色金融方面，截至2023年末，全省绿色贷款余额9155.02亿元，同比增长47.17%，高出全国绿色贷款平均增速10.7个百分点；绿色贷款余额占各项贷款比重11.74%，较上年末提高2.5个百分点。在养老金融方面，安徽省正稳步推进适老化支付服务特色银行网点建设。截至2023年末，已建成“长春花”适老化支付服务特色银行网点1121家，同比增长近50%。在数字金融方面，建立和不断完善安徽省综合金融服务平台后，企业可通过平台一键发布融资需求，银行在48小时内完成回复。自2022年8月份加快建设省综合金融服务平台以来，平台注册用户数连跨两个百万大关，注册经营主体数、撮合融资额分别居全国第四和第二。

三是守正创新，不断激活金融发展动力。2023年6月，安徽省科创金融改革领导协调小组办公室正式印发《金融支持科创企业“共同成长计划”实施方案》。全国首创的“共同成长计划”模式对传统信贷理念和模式进行革新，鼓励银企双方按照市场化、法治化原则，通过签署“贷款协议＋中长期战略合作协议”，深入开展中长期风险共担、收益共享的战略合作，为初创期、成长期科创企业提供成本更低、期限更长、额度更高的融资支持和一揽子金融服务，为银行提供优先认股权、结算服务、债券承销等远期权益选择。截至 2024 年 2 月末，已有 90 多家金融机构加入“共同成长计划”，为 8300 多户企业发放贷款约 1100 亿元。

综合各类公开新闻报道看，除“共同成长计划”外，2023 年以来，安徽省积极开展了合肥市科创金融改革试验区高标准建设；大力推进“金融下乡”，创新“戴耳标、上保险、放贷款”的“活牛贷”模式，拓展“三农”抵质押物范围；充分利用党建引领信用村评价成果，助推农村“信用变金”；成为全国第 6 个获批在区域性股权市场开展股权投资基金份额转让试点地区，形成基金“募投管退”良性循环等系列金融创新工作，不断激活金融发展动力。

三、不断加强地方金融安全制度建设，助力地方金融发展

自 2022 年 10 月实施《安徽省地方金融条例》以来，安徽省不断完善金融安全方面的建设，助力地方金融发展。综合而言，主要体现在三个方面：

一是在强化金融风险防范方面要求做到“三个明确”。明确县级以上人民政府应当建立健全金融领域风险研判、决策风险评估、风险防范协同、风险防范责任等机制；明确县级以上人民政府应当制定金融突发事件应急预案并开展应急演练；明确省金融工作议事协调机制。

二是在强化金融风险处置方面细化各方处置权。第一，国务院金融管理部门监督管理的政策性银行、商业银行、村镇银行、保险公司等金融机构已经或者可能发生重大金融风险的，县级以上人民政府应当协助国务院金融管理部门驻皖机构开展风险处置工作；第二，省人民政府按照国家有关规定承担全省农村商业银行风险处置责任，建立健全相应工作机制；第三，地方金融组织的业务活动已经形成重大金融风险的，地方金融管理部门可以采取责令暂停增设分支机构等风险处置措施；第四，非金融企业可能引发或者已经形成重大金融风险的，由其所在地设区的市、县级人民政

府组织协调有关部门开展风险处置相关工作。

三是在加强对非法金融活动的防范和处置方面强调齐抓共管、群防群治。第一，明确非法金融活动防范与处置工作应当遵循防范为主、打早打小、综合治理、稳妥处置的原则。第二，规定各级人民政府建立非法金融活动监测预警机制，发挥网格化管理和基层群众自治组织的作用，运用大数据等现代信息技术手段，加强对非法金融活动的监测预警。第三，明确行业主管部门、监督管理部门强化日常监督管理和本行业、本领域风险排查、监测预警；金融机构、地方金融组织监测非法金融活动，报告发现的线索；互联网信息服务提供者加强对用户发布信息的管理；广告经营者、广告发布者履行查验义务、核对义务。第四，明确县级以上人民政府在非法金融活动处置中的责任和义务；明确非法金融活动经依法认定后，金融机构、地方金融组织等停止为非法金融活动提供服务；有关信用管理部门应当依法采取信用管理措施；非法金融活动未构成犯罪的，批准机关、主管单位、组建单位或者县级以上人民政府依法监督从事非法金融活动的组织和个人清理债权债务。

第十一节　湖南省金融安全发展特征

湖南省坚持稳中求进工作总基调，锚定“三高四新”① 美好蓝图，全力打好“发展六仗”②，全省经济稳中有进、进中提质，高质量发展扎实推进。2023 年地区生产总值突破 5 万亿元，同比增长 4.6%，金融运行持续高质量发展。

一、金融运行总体平稳，持续支持经济社会发展

根据《湖南省金融运行报告（2024）》，湖南省金融运行高质量发展，主要呈现出以下四个方面的特征。

一是银行业平稳发展，重点领域和薄弱环节金融支持力度继续加大。2023 年末，湖南省银行业金融机构总资产 9.8 万亿元，同比增长 10.5%。资产质量总体良好，2023 年末，湖南省银行业金融机构不良贷款率 1.25%，地方法人金融机构资本充足率 13.24%、流动性比例 83.54%。本外币各项贷款余额 6.9 万亿元，同比增长 10.9%。信贷结构持续优化，科技创新领域贷款快速增长，其中，国家级高新技术企业、科技型中小企业贷款余额同比分别增长 14.5%、23.8%；制造业贷款继续保持较快增速，贷款余额同比增长 22.3%，其中，制造业中长期贷款和高技术制造业中长

---

① “三高四新”：“三个高地”“四新”使命，着力打造国家重要先进制造业高地、具有核心竞争力的科技创新高地、内陆地区改革开放高地，在推动高质量发展上闯出新路子、在构建新发展格局中展现新作为、在推动中部地区崛起和长江经济带发展中彰显新担当、奋力谱写新时代坚持和发展中国特色社会主义的湖南新篇章。

② “发展六仗”：经济增长主动仗、科技创新攻坚仗、优化环境持久仗、防范化解风险阻击仗、安全生产翻身仗、重点民生保障仗。

期贷款同比分别增长 32.1% 和 22.9%；普惠小微、小微企业和涉农贷款增速均高于各项贷款增速，同比分别增长 21.7%、20.4% 和 13.7%；贷款利率继续保持下降势头，全年全省新发放人民币各项贷款、企业贷款和个人住房贷款加权平均利率分别为 3.77%、4.04% 和 4.08%，同比分别下降 0.35 个、0.31 个和 0.88 个百分点。跨境人民币结算再上台阶，全年跨境人民币收支量占同期全省本外币跨境收支总额比重达 34.1%，同比提高 11.2 个百分点。

二是社会融资规模较快增长，银行间市场融资增量扩面。2023 年，湖南省社会融资规模新增 1.1 万亿元，增量创历史新高。地方法人金融机构全年发行金融债券 295 亿元，其中，发行小微金融债券 105 亿元、绿色金融债券 35 亿元、三农金融债券 20 亿元，债券品种及规模均持续扩大，有力提升了地方法人金融机构服务实体经济效能。

三是证券业稳健运行，保险保障功能持续发挥。2023 年末，湖南省境内上市公司 146 家，同比增加 8 家，A 股上市公司总市值 1.5 万亿元。全年保险公司原保险保费收入 1694 亿元，同比增长 5.0%，原保险赔付支出 684 亿元，同比增长 17.8%。

四是金融基础设施进一步完善，金融服务水平稳步提升。支付服务惠企利民成效显著提升，湖南省支付清算系统保持安全稳定运行，新增支付系统参与者 54 家。推进湖南省移动支付“双百工程”3 创建，全省共打造移动支付特色乡镇 50 个，农村移动支付示范点 123 个。信用建设赋能普惠金融发展，建设企业收支流水征信平台，推动金融机构创新推出“流水贷”，上线两个月内为 8232 户中小微企业提供了授信。金融消费者权益保护环境持续优化，畅通湖南省 12363 咨询投诉电话线上受理渠道，优化“线上 + 线下”调解服务，全面深化金融知识普及宣传，推动形成多种农村金融教育新路径新模式，赋能乡村振兴。

二、稳步推进金融安全建设，以高质量金融推动湖南高质量发展

2023 年 9 月 6 日，湖南省人民政府门户网站刊发了《以高质量金融推

动湖南高质量发展》一文，对湖南省金融“活水”灌溉实体经济，以高质量金融推动湖南高质量发展进行了论述，指出积极创建湖南金融的健康发展环境，通过深化湖南省金融改革和产融结合推进湖南省经济高质量增长，是实现湖南省金融蓬勃发展、经济崛起、区域稳定的必然选择。该文论述了湖南省金融高质量发展的三个方面的重点，反映了湖南省稳步推进金融安全建设的重要方面。

一是强化政府引导，构建产融结合的金融格局。服务实体经济是金融的使命。湖南省金融业的重要建设目标是结合湖南省产业发展实际，构筑与区域产业相适应的现代金融体系。“十三五”时期湖南省金融业能级不断提升，2020 年末，全省金融业资产总额突破 7.6 万亿元；各项存款余额 5.79 万亿元，较 2015 年增长 59.9%；各项贷款余额 4.94 万亿元，较 2015 年翻番。“十四五”时期需要进一步加强金融服务实体经济的能力，打造产融结合的有利局面，促进湖南省产业结构转型升级。第一，构建多层次金融市场体系，持续拓展企业融资渠道，在注册制改革的背景下抢抓机遇，加强对先进制造业企业的上市辅导，鼓励企业通过并购重组实现资源整合，加大对“八大工程”重点领域信贷投放力度，推动信托、保险等机构为先进制造业提供风险保障；第二，保证金融组织体系和服务体系与产业结构的匹配，可增设特色支行，对客户选择和信贷流程等方面允许存在差异化，金融机构可创新各种形式的产业链金融服务和信贷产品，对先进制造业开展股权投资和信贷支持；第三，持续发挥金融和财政政策的协同效应，发挥财政资金引导作用，鼓励银行加大对中小微企业的信贷投放，进一步提升金融服务的可得性、便利性。

二是深化金融改革，营造开放创新的金融生态。近十年来湖南省金融业整体实力稳步提升，但相比于其他发达地区湖南省金融规模较小、金融业基础较为薄弱，且金融集聚地的发展较为缓慢，形成时间相对较晚，需要充分调动金融业自身发展积极性，鼓励金融产品的创新升级，促进科技成果的转化。第一，扩大金融开放力度，推动跨境金融创新进一步服务自贸区建设，做好外商投资股权投资企业合格境外有限合伙人（QFLP）试点工作，加大金融业对外招商引资力度，鼓励外资金融机构来湖南省设立理财子公司等；第二，依托科技金融实现金融数字化转型，运用5G、大数据、AI等技术降低服务成本，推出更符合客户要求的个性化数字金融产品，让科技与金融服务有更深度的融合；第三，强化金融人才保障，为金融行业的开放创新提供源源不断的动力支持，利用好湖南省高等教育的优势资源培养金融人才，推进高层次金融行业人才引进计划，双管齐下，全面提升湖南省金融从业人员素质与专业能力。

三是优化金融环境，建设安全稳健的金融体系。“十三五”时期，湖南省不断健全金融风险防范化解体制机制，防范化解重大金融风险攻坚战成效明显，建立了防范化解涉众型非法经营活动稳定风险联席会议机制，在全国率先公告取缔辖内所有违规网贷业务，近年来相继出台系列金融支持的配套政策文件。在“十四五”时期金融业的建设过程中，要统筹发展与安全，以防范系统性金融风险为底线，营造更加良好的金融环境。第一，完善地方金融监管法规，健全地方金融监管体制机制。加速推动出台《湖南省地方金融监管条例》，加强金融监管配套制度建设，完善金融执法体系，推动建立国资、金融、财政风险处置和救助联动机制，构建政法、网信、信访保障稳控机制。第二，持续提升监管效率。强化金融产品、金融市场、金融机构的审慎监管和合规监管，增强跨市场、跨业态、跨区域金融风险处置能力，并且加大力度管控涉众金融风险，保持对非法集资高压态势，依法将各类金融活动全部纳入监管，守护好老百姓的钱袋子。第三，持续优化空间布局，提升湖南金融中心的辐射能力。在湖南省“一带一部”的区域优势背景下，通过强化金融中心“持牌金融＋基金小镇＋金融科技＋中介机构”四柱支撑的特色建设，带动长株潭地区、环洞庭湖地区、湘南地区、大湘西地区快速发展，最终形成湖南金融中心网状辐射区域经济的融通互动状态。

三、加快建设金融强省，创新推进新时代金融服务支撑高质量发展

2023年11月17日，湖南省委副书记、省长毛伟明在中国人民银行湖南省分行调研时对湖南省健全现代金融体系，加快建设金融强省，为实现

“三高四新”美好蓝图提供强有力金融支撑提出了要求。毛伟明强调，在实际工作中，要“确保一个目标、统筹四个关系、做到五个提高”。相关要求充分展现了湖南省乘势而上推动金融高质量发展，以加快建设金融强省为目标，以推进金融高质量发展为主题，以深化金融供给侧结构性改革为主线，以金融队伍的纯洁性、专业性、战斗力为重要支撑，以全面加强监管、防范化解风险为重点，不断开创新时代湖南金融工作新局面，创新推进新时代金融服务支撑高质量发展的决心和信心。

“确保一个目标”是指努力确保2023年全年贷款余额增长10%以上，新增贷款突破6500亿元；制造业及其中长期贷款、小微企业贷款增速不低于各项贷款增速（从截至2023年年末相关数据看，以上目标均已完成）；到2025年，建成与“三高四新”美好蓝图相适应、相匹配的现代金融服务体系。

“统筹四个关系”是指统筹好金融与经济、金融需求和供给平衡、开放和安全、发展和安全的关系，致力服务经济社会高质量发展。

“五个提高”是指提高金融综合贡献力，聚焦重点领域、重点项目和民生短板，精准对接企业融资需求，加大金融投放和减费让利力度，为经济增长、实体发展、社会民生多作贡献。提高金融整体硬实力，持之以恒扩规模、强体系、优服务，抓实企业上市“金芙蓉”跃升行动，加快建设多层次资本市场，持续提高企业融资便利度。提高金融湘军竞争力，做优做强地方法人金融机构，打造“全牌照”金融服务体系，高标准建设湖南金融中心，增强示范引领和辐射带动作用。提高金融风险防控力，坚持“稳定大局、统筹协调、分类施策、精准拆弹”方针，支持防范化解地方债风险、协同防范化解房地产风险、切实防范化解金融业风险，坚决守住不发生系统性风险的底线。提高金融环境支撑力，扛牢“硬责任”、增强“真本领”，在工作上重视支持、在政策上协同联动、在激励上正向引导，营造重视金融、支持金融、助力金融的良好环境和氛围。

第七章

地方金融安全指数的研究展望

地方金融安全指数作为国家金融安全指数系列之一，在一定程度上反映了中国各省、自治区、直辖市级地方金融安全水平。

基于金融服务实体这一定位，指数强化从金融的基础——地方实体经济的视角监测金融安全。不同于过往仅仅根据金融机构自身经营数据刻画地方金融安全，本书尽力避免金融机构安全与地方经济金融安全之间的鸿沟和误差，也突出了“安全源于发展”的理论出发点。

我们相信，地方金融安全指数的构建，有助于提升地方金融安全能力，切实保障地方金融安全，从地方金融风险的发展源头、金融风险的影响因素、金融风险的作用特性、金融风险的危害效应等方面，采用较以往更加深刻、透明的方式认识地方金融风险。

展望未来，在数据较为完备的情形下，课题组将持续完善和优化金融安全指数体系，在“自上而下”的分析体系下，构建与此相对应的其他金融安全指数。

参考文献

[1]邹小芃,牛嘉,汪娟．对地方金融风险的研究:文献综述视角[J]．技术经济与管理研究,2008,159(4):85－87.

[2]张世军．市场经济条件下的地方金融风险体系预警研究[J]．财会通讯,2013(18):126.

[3]王立军,范国强．我国地方金融风险的文献研究综述[J]．经济师,2016(6):140－142.

[4]梅波．探究地方金融的风险及其防范策略[J]．经济师,2014(8):164－165.

[5]郭明奇,曹元芳,高硕．建立区域金融风险　监测预警系统的初步探讨[J]．金融与市场,1999(11):12－21.

[6]仲彬,刘念,毕顺荣．区域金融风险预警系统的理论与实践探讨[J]. 金融研究,2002(7):105－111.

[7]汪祖杰,吴江．区域金融安全指标体系及其计量模型的构建[J]．经济理论与经济管理,2006(3):42－48.

[8]谭中明．区域金融风险预警系统的设计和综合度量[J]．软科学,2010,24(3):69－74.

[9]俞树毅,袁治伟．区域系统性金融风险监测研究[J]．武汉金融,2012(10):36－40.

[10]倪俊雄．区域金融安全指数构建及其在浙江省的应用研究[D]．杭州:浙江财经大学,2016.

[11]郭娜,葛传凯,祁帆．我国区域金融安全指数构建及状态识别研究

[J]. 中央财经大学学报,2018(8):37－48.

[12]张安军. 中国省域金融安全内涵与综合监测度量指标体系研究[J]. 宁波大学学报(人文科学版),2019,32(3):67－76,111.

[13]张安军. 我国省域金融风险动态预警研究:基于浙江省月度样本数据的分析[J]. 经济理论与经济管理,2020(3):51－69.

[14]田婧倩,刘晓星. 金融安全风险感知的社交网络空间溢出效应研究:来自 COVID－19 期间中国省级面板数据的证据[J]. 金融经济学研究,2021,36(5):18－30.

[15]李书,解瑶姝. 中国金融稳定指数的构建与调节效应检验[J]. 统计与决策,2022,38(22):124－129.

[16]祝继高,岳衡,饶品贵. 地方政府财政压力与银行信贷资源配置效率:基于我国城市商业银行的研究证据[J]. 金融研究,2020(1):88－109.

[17]刘磊,王宇. 居民杠杆率与金融稳定[J]. 开放导报,2018(1):20－25.

[18]曹东坡,赖小鹏. 产业结构升级对银行风险承担的影响[J]. 南方金融,2019(6):39－47.

[19]丁浩. 产业结构转型、经营效率与城商行不良贷款率[J]. 上海金融,2018(6):75－80.

[20]袁睦淇,颜李朝,刘希玥,等. 长江经济带区域金融风险的空间关联及其传染效应[J]. 浙江金融,2022,516(2):64－74,51.

[21]刘凤根,廖昭君,张敏. 中国区域金融风险的空间分布及演化特征研究[J]. 云南财经大学学报,2022,38(4):66－84.

[22]周开国,季苏楠. 中央政策统筹下的区域金融风险形成体系研究[J]. 财贸经济,2023,44(3):71－85.

[23]北京市金融运行报告(2024)[EB/OL]. 北京:中国人民银行,2024－07－26[2024－08－21]. http://beijing.pbc.gov.cn/beijing/132005/5414505/2024072612064789768.pdf.

[24]加强制度供给保障首都金融安全[N/OL]. 北京:北京日报,2021－05－08[2024－08－21]. https://www.beijing.gov.cn/zhengce/zcjd/202105/

t20210508_2383629. html.

[25]北京市地方金融监督管理条例〔十五届〕第48号[EB/OL]. 北京:北京市人民代表大会常务委员会,2021-04-16[2021-07-01]. https://www. beijing. gov. cn/zhengce/dfxfg/202104/t20210421_2365082. html.

[26]北京市地方金融管理局2023年法治政府建设年度情况报告[EB/OL]. 北京:北京市地方金融管理局,2024-03-30[2024-08-21]. https://www. beijing. gov. cn/gongkai/fzzfjsbg/sjbm/sdfjrjgj/202403/t20240328_3603773. html.

[27]上海市金融运行报告(2024)[EB/OL]. 上海:中国人民银行,2024-07-26[2024-08-21]. http://shanghai. pbc. gov. cn/fzhshanghai/113589/5414063/2024072610185883761. pdf.

[28]构建金融司法与金融监管协同善治新格局　上海金融法院与十家金融监管机构、金融基础设施共建防范化解金融风险协同机制[EB/OL]. 上海:上海金融法院,2023-03-30[2024-08-21]. http://www. shjrfy. gov. cn/jrfy/gweb/xx_view. jsp? pa=aaWQ9ODEyMgPdcssPdcssz.

[29]上海市地方金融监督管理条例[EB/OL]. 上海:上海市第十五届人民代表大会常务委员会,2020-04-10[2020-07-01].

[30]市政府新闻发布会介绍本市优化金融营商环境提高金融服务水平有关情况[EB/OL]. 上海:上海市政府新闻办,2023-04-28[2024-08-21]. https://www. shanghai. gov. cn/nw12344/20230428/bac7fa6664e74835824eb4e96b4c24e7. html.

[31]2024年1月23日广东省省长王伟中在广东省第十四届人民代表大会第二次会议上作政府工作报告[EB/OL]. 广东:广东省政府网, 2024-01-27[2024-08-15]. https://www. gd. gov. cn/gkmlpt/content/4/4341/post_4341257. html#45.

[32]唐柳雯,等. 金融高质量发展走在全国前列,广东迈出金融强省建设坚实步伐[N/OL]. 广州:南方日报,2024-06-07[2024-08-15]. https://epaper. nfnews. com/nfdaily/html/202406/07/content_10101861. html.

[33]陈颖,等. 广东加快金融强省建设,主要金融指标保持全国领先[N/OL]. 广州:南方日报,2024-06-07[2024-08-15]. https://epaper.

nfnews. com/nfdaily/html/202406/07/content_10101918. html.

[34]广东省金融运行报告(2024)[EB/OL]. 广州:中国人民银行网,2024-07-26[2024-08-15]. http://guangzhou. pbc. gov. cn/guangzhou/129136/5413820/index. html.

[35]国家金融监督管理总局广东监管局党委. 学习《习近平关于金融工作论述摘编》以高质量金融监管赋能广东加快金融强省建设[EB/OL]. 北京:中国银行保险报网,2024-05-29[2024-08-19]. http://www. cbimc. cn/content/2024-05/29/content_518877. html.

[36]江苏省金融运行报告(2024)[EB/OL]. 南京:中国人民银行,2024-07-26[2024-08-21]. http://nanjing. pbc. gov. cn/nanjing/117525/5409279/2024072415182735687. pdf.

[37]聚焦地方金融监管防范化解金融风险——《江苏省地方金融条例》解读[EB/OL]. 南京:南京机构编制网,2021-04-14[2024-08-21]. https://njbb. nanjing. gov. cn/tszs/202104/t20210414_2881667. html.

[38]江苏省地方金融条例[EB/OL]. 南京:江苏省第十三届人民代表大会常务委员会,2021-03-31[2021-07-01].

[39]扛起新使命　谱写新篇章　在推进中国式现代化中贡献江苏金融力量[EB/OL]. 北京:中国银行保险报,2023-02-28[2024-08-21]. http://www. cbimc. cn/content/2023-02/28/content_477900. html.

[40]江苏省高级人民法院印发《关于加强金融审判维护金融安全的指导意见》[EB/OL]. 南京:江苏法院网,2020-12-30[2024-08-21]. http://jsfy. gov. cn/article/87089. html.

[41]江苏省11部门联动:打响三年行动攻坚战共同维护金融安全[EB/OL]. 北京:中央广电总台国际在线,2022-05-26[2024-08-21]. https://js. cri. cn/20220526/a3fe75f2-fce7-b346-9b26-a9fd1d038d2f. html.

[42]山东省金融运行报告(2024)[EB/OL]. 济南:中国人民银行,2024-07-26[2024-08-21]. http://jinan. pbc. gov. cn/jinan/120965/5414039/2024072610143317255. pdf.

[43]山东省地方金融监管局:以高质量党建引领金融高质量发展

[N/OL]. 济南：大众日报，2023－12－20[2024－08－21]. https://new. qq. com/rain/a/20231220A060ZD00.

[44]山东省地方金融管理局关于印发《山东省地方金融组织现场检查办法》的通知[EB/OL]. 济南：山东省地方金融管理局，2024－06－04[2024－07－05].

[45]关于加强地方金融组织股东管理的意见[EB/OL]. 济南：山东省地方金融管理局，2023－09－19[2023－10－20].

[46]省地方金融监管局丨金融安全联合创新实验室正式成立[EB/OL]. 济南：山东省地方金融监督管理局，2021－01－29[2024－08－21]. http://www. shandong. gov. cn/art/2021/1/29/art_116200_397493. html.

[47]上半年，维护金融安全山东这样做[N/OL]. 济南：大众日报，2023－07－31[2024－08－21]. https://dzrb. dzng. com/articleContent/1176_1170449. html.

[48]浙江省金融运行报告(2024)[EB/OL]. 杭州：中国人民银行，2024－07－26[2024－08－19]. http://hangzhou. pbc. gov. cn/hangzhou/2927497/5414336/index. html.

[49]坚持以学习贯彻党的二十大精神为统领，深入推动中国式现代化金融建设的浙江实践[EB/OL]. 北京：中国银行保险报网，2022－12－19[2024－08－19]. http://www. cbimc. cn/content/2022－12/19/content_473974. html.

[50]中国人民银行、中国银行保险监督管理委员会、中国证券监督管理委员会、国家外汇管理局、浙江省人民政府关于金融支持浙江高质量发展建设共同富裕示范区的意见[EB/OL]. 北京：中国人民银行，2022－03－10[2022－03－10].

[51]张安军. 中国省域金融风险监测预警机制研究——以浙江省为例[M]. 北京：经济管理出版社，2018.

[52]于新东，江于夫.【治国理政新实践？浙江篇】筑牢金融安全的浙江方略[EB/OL]. 杭州：浙江在线，2017－05－08[2024－08－19]. https://china. zjol. com. cn/201705/t20170508_3574913. shtml.

[53]四川省金融运行报告(2024)[EB/OL]. 成都:中国人民银行,2024-07-26[2024-08-21]. http://chengdu.pbc.gov.cn/chengdu/129318/5414335/2024080218082498514.pdf.

[54]应“时代之运”,为“变革而生”——对话四川银行相关负责人[N/OL]. 成都:四川日报,2020-11-08[2024-08-21]. https://www.sc.gov.cn/10462/12771/2020/11/8/9d853ccb75ba4e02a0dbe45a4c19667b.shtml.

[55]省委金融办传达学习全会精神,落实好三个“聚焦”[EB/OL]. 成都:川观新闻,2024-07-26[2024-08-21]. https://dfjrjgj.sc.gov.cn/scdfjrjgj/gzdt/2024/7/26/8cf513ecdaaf4a1fbd7adefe9fc24112.shtml.

[56]四川省国有金融资本出资人职责实施办法[EB/OL]. 成都:四川省人民政府办公厅,2022-03-03[2022-03-03].

[57]河南省金融运行报告(2024)[EB/OL]. 郑州:中国人民银行,2024-07-26[2024-08-26]. http://zhengzhou.pbc.gov.cn/zhengzhou/2927321/5413910/2024072609452278861.pdf.

[58]河南省地方金融监督管理局2023年度法治政府建设工作年度报告[EB/OL]. 郑州:河南省地方金融管理局网,2024-01-03[2024-08-26]. https://jr.henan.gov.cn/2024/01-03/2878451.html.

[59]王凯在省金融稳定发展领导小组会议上强调防范风险守住底线切实推动经济金融稳定发展[N/OL]. 郑州:河南日报,2021-09-03[2024-08-26]. https://www.henan.gov.cn/2021/09-03/2307122.html.

[60]安徽省金融运行报告(2024)[EB/OL]. 合肥:中国人民银行,2024-07-26[2024-08-26]. http://hefei.pbc.gov.cn/hefei/122346/5414328/2024072611180543954.pdf.

[61]安徽金融发展指标为何频频居于前列?[EB/OL]. 合肥:安徽省委金融办,2024-04-10[2024-08-26]. http://ahjr.ah.gov.cn/xwzx/rdhy/80585239.html.

[62]何珂. 以高质量金融服务助推高质量发展[N]. 安徽日报,2024-04-03(001).

[63]守护地方金融安全助力地方金融发展[EB/OL]. 合肥:安徽省法工

委办公室,2022－09－30［2024－08－27］. http://www.ahrd.gov.cn/article.jsp?_index=1&strColId=3caa6ac7bd204b4589e55bbb341fdb15&strId=16644981938822513&strWebSiteId=1448865560847002.

［64］湖南省金融运行报告(2024)［EB/OL］. 长沙:中国人民银行,2024－07－26［2024－08－27］. http://www.pbc.gov.cn/goutongjiaoliu/113456/113469/5415290/2024072620341572876.pdf.

［65］文凤华. 把稳金融安全之舵　驶好国家安全之船［N/OL］. 湖南日报,2023－11－15(4)［2024－08－28］. https://epaper.voc.com.cn/hnrb/html/2023－11/15/content_1658036.htm?div=－1.

［66］以高质量金融推动湖南高质量发展［EB/OL］. 长沙:湖南省人民政府门户网站,2023－09－06［2024－08－28］. https://www.hunan.gov.cn/hnszf/szf/zfhyjtj/zfcwhy/2024zfcwhy/2024129/pljd/202401/t20240130_32638740.html.

［67］肖志红,王珊,侯江涛,李行. 以高质量金融发展助力湖南高质量发展——中国银行湖南省分行深入学习领会中央金融工作会议精神［N/OL］. 长沙:湖南日报,2023－11－06(3)［2024－08－28］. https://epaper.voc.com.cn/hnrb/html/2023－11/06/content_1656585.htm.

［68］毛伟明在全省金融工作座谈会上强调:创新推进新时代金融服务支撑高质量发展［N/OL］. 长沙:湖南日报,2023－11－18(1)［2024－08－28］. https://epaper.voc.com.cn/hnrb/html/2023－11/18/content_1658628.htm.